11/03

Patricia Kaufmann/Clemens von Luck

Der neue Mann im Haus

Patricia Kaufmann
Clemens von Luck

Der neue Mann im Haus

Wenn Mütter sich wieder binden

Wolfgang Krüger Verlag

2. Auflage September 1998

Gesamtherstellung: Wagner GmbH, Nördlingen
Printed in Germany 1998
ISBN 3-8105-1135-8

Inhalt

Anhang

»Und mit nicht minder Überschwang der Liebe, als seinem Sohn der liebste Vater widmet, bin ich Euch zugetan.«

(William Shakespeare, Hamlet)

Momentaufnahmen I

Paula

Langsam begann die Seifenkugel in ihrem Badewasser wabbelig zu werden. Noch einen winzigen Moment, und das kirschrote Schaumzeug würde auslaufen und den Geruch von Kaugummi verströmen. Ihre Mutter hatte gesagt, die Badekugeln wären Zauberkugeln, und wenn sie sich in dem Moment, in dem die Kugel ausläuft, etwas wünsche, ginge es in Erfüllung. Paula wünschte sich, daß sich Mami und Papi wieder liebhätten. Daß sie wieder zusammenleben würden, sich nicht mehr stritten und alle wieder eine Familie wären. Eine richtige Familie. Wie früher. Aber ihre Mutter hatte auch gesagt, sie solle sich lieber einen Teddybären wünschen, denn das mit Mami und Papi ginge nicht mehr. Sie wären zu unterschiedlich, und deshalb würden sie sich immer wieder streiten, und sie würde ja wohl noch wissen, wie blöd sie das immer gefunden hätte. Paula wünschte es sich trotzdem. Immer wieder. Wenn sie eine Wimper verlor, wenn sie eine Sternschnuppe sah – hatte sie aber erst einmal – und manchmal, wenn sie abends im Bett lag und nicht einschlafen konnte.

Aber Paula kam schon bald in die zweite Klasse, und deshalb wußte sie auch, daß es nicht ging. Bei Antonia aus ihrer Klasse war es ja genauso. Und keine Versöhnung in Sicht. Dann dachte sie daran, daß Papis Freundin Steffi ein Baby bekam. Von Papi. Mami hatte ihr das so erklärt, daß sie dann nicht die Mutter von dem Kind ist, sondern Steffi. Paula hatte gefragt, was Mami dann ist, die Tante oder irgend etwas Ähnliches? Ja, vielleicht so etwas wie eine Tante, hatte ihre Mutter geantwortet. Aber sie hätte nichts dagegen, wenn das Baby auch ab und an mal zu ihr und Nico mitkäme. Zu Besuch, oder wenn Papi und Steffi ausgehen wollen. Dann bräuchten sie nämlich keinen Babysitter.

Paula wünschte sich sehnlichst eine Schwester, bloß nicht noch einen Bruder. Vielleicht sollte sie sich das von der Zauberkugel in Zukunft wünschen, daß sie eine Schwester bekommt. Wobei sie sich das irgendwie nicht vorstellen konnte, daß sie nie wieder eine richtige Familie sein würden. Aber Paula tröstete sich damit, immerhin entweder Mutter oder Vater zu haben. Und Nico arbeitete sehr viel. Meistens hatte sie ihre Mutter ja für sich allein. Und wenn Nico da war, war es eigentlich immer nett. Trotzdem fand sie, daß er kein Recht hatte, ihr zu sagen, sie solle ihr Zimmer aufräumen oder den Tisch decken. Nur weil Mami sich mit ihm verheiratet hat, dachte sie, darf er noch lange nicht über mich bestimmen. Oder? Und daß er immer genervt war, wenn sie neben Mami sitzen wollte, fand sie auch blöd, schließlich schlief Nico ja schon dick und breit in Mamis Bett . . . in unserem Bett, würde er Paula jetzt sicherlich verbessern. Paula äffte Nico nach. Wenn es nach ihr gegangen wäre, hätte sie ihm liebend gern ihr Bett abgetreten, dann hätte sie sich nämlich nachts an Mami kuscheln können. Aber in allen Bilderbüchern, die sie kannte, schliefen die Erwachsenen immer zusammen in einem Bett. Auch in Filmen. Das war wohl normal. Auch bei anderen Familien. Paula wollte später nicht heiraten, und da hatte ihre Mutter ihr versprochen, sie könne ewig bei ihr wohnen bleiben. Aber ihre Mutter behauptete auch, das wolle Paula irgendwann gar nicht mehr. Woher sie das wohl schon wieder wußte.

Paula tauchte den Kopf unter Wasser, kam prustend wieder hoch und schrie nach einem Handtuch. Sie hatte Wasser in die Augen bekommen. Nico rief irgend etwas aus dem Wohnzimmer, was klang wie: »Hängt am Haken«. Paula blinzelte zur Wand hinüber. Es stimmte, da hingen sogar drei Handtücher. Ihre Mutter wäre bestimmt gekommen und hätte sie in einen Bademantel gemummelt. Bei ihrem Vater war sie nicht so sicher. Paula hüpfte aus der Wanne und patschte mit nassen Füßen und tropfenden Haaren Richtung Wohnzimmer. Nico las gerade in einem seiner Magazine und rauchte. Aber das war Paula im Moment egal. Er sah so kuschelig aus. Sie pflanzte sich – noch immer triefend – auf seinen Schoß, machte eine blöde Bemerkung über seinen Glimmstengel und spürte, wie Nico ganz sanft einen Arm um sie legte; und wenn sie ganz ehrlich war, war es ziemlich gemütlich. Aber eine richtige Familie waren sie eben doch nicht. Vielleicht hatte Mami recht, sie waren eben eine andere Familie. Paula schlief ein. Als sie aufwachte, duftete es aus der Küche nach leckerem gekochtem Essen, der Fernseher lief, Ole blätterte in einem Comicheft, und Nico schnarchte. Paula zupfte ihm an den Bartstoppeln, knutschte ihm laut ins Ohr und lief zu ihrer Mutter in die Küche, auch um sich den Platz am Tisch neben ihr schon mal zu sichern.

Nico

Den Schmerz kannte sein Fuß noch nicht. Ein kurzer Druck, ziemlich spitz. Er krümmte seine nackte Sohle instinktiv, bevor sich das Ding in die Haut bohren konnte. Als er den Fuß hob, klebte es noch für einen kurzen Moment an seiner Sohle, dann fiel es mit einem klackernden Geräusch auf den Dielenboden. Zuerst kam ihm ein Plastikfeuerzeug in den Sinn, aber dazu war es zu scharfkantig. Er hüpfte auf einem Bein zum Lichtschalter, im Kopf weiter damit beschäftigt herauszufinden, worauf er getreten war. Eine Gürtelschnalle? Zu groß. Susannes Exehering? Zu klein. Erst als das Flurlicht die Szenerie erhellte, erkannte er, was es wirklich war. Ein roter Legostein.

Er kickte ihn in Richtung Kinderzimmer, tapste in die Küche, ging zum Kühlschrank, fischte sich einen Erdbeer-Joghurt heraus und setzte sich an den Tisch. Es war zwei Uhr nachts, das Holz des Stuhls fühlte sich kalt an auf seinen nackten Beinen. Auf dem Küchentisch lagen, zu einem Haufen zusammengeschoben, die Überreste des vergangenen Abends: Zigarettenschachtel, Aschenbecher, Kartenspiel, Puzzleteile, zwei Bilderbücher, eine Gabel, eine angebissene Banane, ein Schlüsselbund und eine Schale mit wenigen Kirschen und vielen Kirschkernen darin.
Nico begann mechanisch zu puzzeln. Es war ein Batman-Puzzle, auf der Kartonvorlage schwang sich der maskierte Superheld gerade mit ausgebreiteten Flügeln durch Gotham City. Nico dachte daran, daß bestimmt am Ende zwei oder drei oder auch zwölf Teile fehlten, weil sie unter dem Bett von Paula oder im Bücherbord von Ole lagen, irgendwo versteckt zwischen seinen Comicheften. Er konnte sich nicht mehr erinnern, wer von den Kindern zuletzt gepuzzelt hatte. Dann fiel es ihm wieder ein: Paula hatte damit gespielt, und Ole hatte sie geärgert, weil er nichts mit sich anzufangen wußte. Nico sinnierte darüber nach, ob er richtig reagiert hatte, indem er versucht hatte, Paula zu überzeugen, Ole mitpuzzeln zu lassen. Nein, natürlich nicht. Es war falsch gewesen. Erstens hatte Paula ihm einen Vogel gezeigt, außerdem hätte er Ole klar sagen sollen, daß er Paula in Ruhe zu lassen habe. Basta. Vielleicht hätte er mal wieder etwas mit Ole spielen können.
Nico steckte sich eine Zigarette an, obwohl er wußte, daß der Geschmack in seinem Mund danach fürchterlich sein würde, und verfiel in eine düstere Grübelei. Wieso fühlte er sich oft so unsicher? Warum konnte er nicht seine frühere Junggesellen-Selbstverständlichkeit wieder hervorkramen und lustig und locker drauflosleben? Inklusive Kinder. Sie einfach in seinen Alltag integrieren. Hatte er nicht viele Erfahrungen aus seinen früheren Wohngemeinschaften? Hatte er vor lauter

Aufregung plötzlich seinen gesunden Menschenverstand verloren?
Sein größtes Problem bestand wohl darin, daß er sich keine Fehler zugestand. Er glaubte, jede Chance optimal nutzen zu müssen, um sein Leben mit Susanne und den Kindern zu gestalten. Er wollte ihre Zuneigung, vielleicht sogar ihre Liebe (obwohl er sich immer wieder sagte, daß er das auf keinen Fall erwarten dürfe), aber er wollte auch Respekt. Den Respekt, den man einem Erwachsenen gegenüber hat, der einen morgens zur Schule kutschiert, Essen besorgt und Wadenwickel macht, wenn man Wachstumsschmerzen in den Beinen hat. Nur wußte er im Grunde selber nicht, wie dieser Respekt aussehen sollte. Sein eigener Vater war abgehauen, als er vier Jahre alt war, also konnte Nico nicht auf einschlägige Kindheitserfahrungen zurückgreifen.
Fünf beziehungsweise sieben Jahre lang waren Ole und Paula von Susanne erzogen worden. Und von Mark, ihrem Exmann und Vater der Kinder. Ihm war klar, daß es ungerecht war, weil er es selbst wahrscheinlich eher schlechter als besser hingekriegt hätte, trotzdem ärgerte er sich darüber, daß er jetzt alle Verzogenheiten mit ausbaden mußte. Paula mit ihrem allmorgendlichen Gezeter beim Anziehen, ihre sinnlosen Kämpfe darum, heute nicht aus der Tasse mit der blauen Katze, sondern aus der mit dem Silberfisch trinken zu wollen, natürlich nur, weil er die andere hingestellt hatte. Oder Ole mit seinem allabendlichen Trick, sich auf den Boden zu werfen und den todmüden Mann zu markieren, wenn es darum ging, seine Spielfiguren aus dem Flur wegzuräumen.
Alle Kinder sind so, hörte er Susanne im Geiste sagen. Was heißt hier »so«, dachte er. Was meinte sie damit? Daß Paulas Hauptbeschäftigung darin bestand, Susanne, Ole oder ihn selbst solange zu nerven, bis sie ihre Aufmerksamkeit hatte? Solange, bis es Ärger gab? Nico stellte fest, daß er immer noch ein Gastspieler in dieser Familie war. Jemand, der bei der Entstehung all dieser Alltagsgeschichten nicht dabeigewesen

war. Susanne war die Mutter, sie hatte es einfacher. Sie hatte das Recht, die Kinder zusammenzustauchen, wenn ihr der Kragen platzte. Er konnte nur argumentieren, an die Vernunft der Kinder appellieren. Er fühlte sich einfach nicht befugt, drastische Machtworte zu sprechen. Er war nicht der Vater. Und den gab es ja auch noch. Alle zwei Wochen für fünf Tage. In dieser Beziehung, dachte er, wäre es einfacher für ihn, wenn er ein Vaterersatz sein könnte und kein Teilzeit-Stiefvater.
Zu Beginn war alles so klar. Sie liebten sich, und sie wußten, daß es nicht einfach werden würde mit den Kindern. Susanne arrangierte dezente Treffs, so daß er sich den Kindern langsam annähern konnte. Er mochte beide auf Anhieb. Und sie ihn auch. Hatte er jedenfalls den Eindruck. Susanne hatte ihn als einen Freund vorgestellt, sie meinte, es sei besser, nicht gleich mit der Tür ins Haus zu fallen. Heute, zwei Jahre später, mußte er feststellen, daß es ein empfindlicher Unterschied war, gelegentlich mit den Kindern ein Eis essen zu gehen oder mit ihnen zusammenzuleben. Die Erkenntnis war banal, aber sie hatte ihn trotz aller Vorgespräche dann doch überrascht. Nico spürte, daß sein schwieriges Verhältnis zu Paula auch die Beziehung zu Susanne belastete. Wenn er abends nach Hause kam, war Susanne meistens mit dem Zu-Bett-Geh-Szenario beschäftigt. Sie war oft angestrengt vom Tag, hantierte nervös, und er kam sich wie ein weiterer Nervfaktor vor, weil die Kinder sein Erscheinen natürlich als willkommenen Anlaß nahmen, noch einmal richtig aufzudrehen. Er genoß es einerseits, weil sogar Paula ausnahmsweise lieb zu ihm war, plötzlich unbedingt noch mit ihm kuscheln oder ihre neuesten Malwerke vorführen wollte. Andererseits wußte er, daß er damit Susannes Zeitplanung torpedierte. Er merkte, wie sehr sie sich bemühte, sich auch noch auf ihn einzustellen, nachdem endlich Ruhe in den Kinderzimmern einkehrte und man nur noch ein leises Schnarchen vernahm. Aber so wie damals, als sie bis tief in die Nacht noch gequatscht und Wein getrunken hatten, war es nicht mehr. Susanne hatte wohl einfach keine Kraft mehr für ihn.

Nico sah auf die Uhr. Halb vier. In drei Stunden würde der Wecker klingeln, er würde die Kinder wecken, und während er Frühstück machte, würden die beiden noch kurz zu Susanne ins Bett huschen, zum Kuscheln. Dann würde er alle drei aus dem Bett kitzeln. Immerhin, dachte er, die Morgen hatten doch schon etwas von einem Ritual. Und während er das Licht in der Küche ausknipste und den langen Flur entlang schlurfte, nahm er sich vor, ab jetzt jeden Samstag mit den Kindern in ihr geliebtes Hallenbad zu marschieren oder ins noch geliebtere Kino. Und Susanne wollte er, wenn die Kinder das nächste Mal beim Vater waren, Chicken Vindaloo kochen, ihr Lieblingsessen.

Susanne

»Ich mag einfach nicht auf die Party gehen«, hatte Susanne zu Nico gesagt. Sie wolle lieber ein Buch lesen und sich gemütlich mit einer Tasse Tee aufs Sofa lümmeln. Aber dort saß sie nun schon seit einer guten Stunde, starrte ins Buch statt zu lesen, und ihre Gedanken schweiften immer wieder ab. Heute nachmittag erst hatte sie die Kinder zum Vater gebracht, sie hatten noch gemeinsam Kuchen gegessen, und Susanne war wieder nach Hause gefahren. Eigentlich war alles bestens. Es gab keine böse Abschiedsszene, im Gegenteil, als sie nach dem Essen aufbrechen wollte, nahmen Paula und Ole kaum Notiz von ihr. Zu Hause war es wie ausgestorben, kein Geschrei, keine Stimmen, keine dudelnde Kinderkassette, nur die gähnend leere Wohnung und die Spuren des gemeinsamen Familienlebens, im Flur lag ein T-Shirt von Paula herum, aus Oles Zimmer ragten noch Teile der Legoburg, im Waschbecken klebten Zahnpastareste, und in der Küche standen die verklebten Spaghettiteller auf dem Tisch, etwas Milch war ausgelaufen, Ole hatte den Parmesan mehr auf dem Tisch als auf den Teller gerieben, und auf Paulas Stuhl lag Francie, ihre Lieblingsbarbie, hastig in ein Puppenkleid gezwängt.

Susanne zog der Puppe das Kleid an und begann aufzuräumen. Sie dachte darüber nach, was sie mit der kinderfreien Zeit anfangen würde. Immerhin fünf Tage. Auf jeden Fall mußte sie sich um Nico kümmern. In letzter Zeit lief er häufig mit hängendem Kopf herum. Er hatte sich das alles anders vorgestellt. Nicht so schwierig, nicht so stressig. Sein größtes Problem war aber wohl, daß die Kinder ihn verletzten. Anfangs hatte Susanne versucht, alles, was die Kinder betraf, von ihm fernzuhalten, damit er sich langsam in seine Rolle hineinfinden konnte. Sie wollte Nico nicht verschrecken, ihm nicht zuviel Last aufbürden, und sie wollte ihn natürlich auch nicht als neuen Papi präsentieren. Sie hatten sich wahrlich Zeit gelassen, waren am Anfang mal ein Eis essen gegangen, hatten alle zusammen einen Spaziergang gemacht oder sich den neuen Walt-Disney-Film im Kino angesehen. Danach fuhr Nico in seine Junggesellenbude und Susanne mit den Kindern in ihr neues Zuhause, eine kleine Zweieinhalb-Zimmerwohnung. Es war Ole, der nach kurzer Zeit meinte, Nico könne doch immer bei ihnen wohnen, und Paula hatte »Hurra« geschrien. Also blieb Nico öfter mal zum Abendessen, übernachtete dann später in Susannes Bett und schleppte auch ein paar persönliche Dinge an. Es war alles wie in einem Märchen. Harmonie und Glück. Es gab nie Streit, die Kinder waren vernarrt in Nico und er in sie.
Susanne und Nico fanden eine schöne große Wohnung. Ein Vierteljahr später zogen sie alle vier ein. Und alles war doch anders. Susanne fühlte sich ständig als Vermittlerin. Sie ermahnte die Kinder, leiser zu sein, damit Nico hin und wieder seine Ruhe hatte, sie versuchte ihm Tips zu geben, wenn sie merkte, daß er dieses Ohnmachtsgefühl verspürte, wenn er nicht wußte, wie er handeln sollte.
Nico erzählte Susanne, er fühle sich zwischen zwei Welten. Auf der einen Seite wisse er genau, daß es richtig sei, sich zurückzunehmen, um die Kinder nicht zu verschrecken, und auf der anderen Seite stünde die Angst, vielleicht nicht genü-

gend respektiert zu werden. Es sei so ein schmaler Grat, auf dem er sich bewege. Er hätte Schwierigkeiten, Entscheidungen zu treffen, ja regelrecht Angst, schon am Anfang etwas zu zerstören, was man dann später nicht mehr reparieren könne. Und tatsächlich begann das Modell zu kippen, wenn es um gemeinsame Unternehmungen ging. Die Kinder begannen, Nico zu übergehen, bezogen ihn manchmal gar nicht ein, so als wäre er gar nicht da. Sie störten Nico aber auch relativ wenig, wenn er sich zurückzog. Ole und Paula akzeptierten also von Anfang an seine Bedürfnisse.

Das Familienleben entwickelte sich ein wenig zu einer Wohngemeinschaft, in die jemand zur Untermiete eingezogen war. Susanne und Nico beschlossen, beides ein bißchen zu entzerren. Also begann Nico, seine Wünsche innerhalb der Familie anzumelden. Paula akzeptierte das nicht und begann zu kämpfen, sie reservierte sich den Platz neben der Mutter, quetschte sich dazwischen, wenn Susanne und Nico sich küßten oder umarmten, und sie begann Nico links liegenzulassen. Wenn Susanne einmal weg und Nico mit den Kindern allein war, waren Paula und Nico ein Herz und eine Seele. Paula kuschelte dann mit ihm, sie erzählten sich Geschichten, und Paula malte ihm Bilder. Da Susanne aber nicht immer weggehen konnte, damit Nico eine Beziehung zu Paula aufbauen konnte, fungierte sie weiterhin als Vermittlerin. Sie sagte z. B., sie habe keine Lust zu spielen, Paula könne Nico fragen. Sie erhoffte sich dadurch, das Private und Unantastbare von Nico nehmen zu können.

Ole reagierte positiver darauf, er band Nico immer häufiger in die Unternehmungen ein und war richtig traurig, wenn Nico aus irgendwelchen Gründen nicht dabeisein konnte. In diesen Momenten ermahnte Susanne sich immer wieder, sich von dem ständig bohrenden, schlechten Gewissen freizumachen, den Kindern keine richtige, sondern nur eine Stieffamilie bieten zu können. Und auf der anderen Seite nagte die Angst an ihr, Nico als Frau nicht gerecht werden zu können. Sie hatte

Angst, daß er mit all den Problemen und neuen Anforderungen nicht fertig würde. Sie wußte, daß ihre Beziehung zueinander stark war, aber sie spürte auch, wie der Alltag begann, die Liebe zu überrollen. Wenn die Kinder abends schliefen, waren Nico und Susanne oft völlig ausgelaugt, und dann sprachen sie häufig noch über die Probleme in der Familie, statt wie früher unbekümmert bei einem Glas Wein zu plaudern.
Susanne legte ihr Buch beiseite, griff zum Telefonhörer und bestellte für den morgigen Tag zwei Kinokarten für den Film, den Nico schon ewig gucken wollte. Sie ließ Badewasser ein, kippte ein paar Tropfen Lavendelöl hinein und versuchte, sich zu entspannen. Morgen wollte sie lange schlafen, dann Brötchen holen und den Frühstückstisch mit einer Kerze darauf decken. Susanne fühlte sich wahnsinnig müde.

Ole

Drei Asterix-Comics lagen vor ihm, seine Mutter hatte ihm sogar das Gameboy-Spielen erlaubt. Sie war kurz mal weggegangen. Einkaufen. Aber Ole hatte zu nichts Lust. Er war platt. Das sagte Mami immer, wenn er nur so rumhing, wie jetzt. Also steckte er seine Nase wieder in das Comicheft. Oh, verdammt, die Sprechblase hatte er nun schon mindestens viermal gelesen. Heute war selbst Obelix zu nichts zu gebrauchen. Ole zog seine Schuhe aus und kuschelte sich in das Bett seiner Mutter. Das tat er sonst nie. Im Gegenteil. Er konnte sich nicht daran erinnern, zuvor schon mal freiwillig ins Bett gegangen zu sein. Ole dachte an seinen Vater, und er hatte verdammt noch mal Sehnsucht.
Er dachte daran, wie sie zu viert – Mami, Papi, Paula und er – darüber gesprochen hatten, was werden sollte. Gleich am ersten Abend, als seine Eltern ihnen erzählt hatten, daß sie nicht mehr zusammenleben konnten, weil sie sich einfach nicht mehr verstanden. Und wie er dann gesagt hatte, daß

er ja bei seinem Papi bleiben konnte, seine Schwester Paula hätte dann bei Mama gewohnt, und er hätte seine Mutter am Wochenende immer besucht. Das fand Ole gerecht. Er hatte die Streitereien damals manchmal mitbekommen. Dann sprachen seine Eltern endlich mit ihm und Paula darüber, wie es weitergehen sollte. Sie alle beschlossen damals, daß sie mal bei Mami und mal bei Papi leben würden. Die meiste Zeit aber war Ole nun doch bei seiner Mutter. Sein Papa kam aber wirklich oft, um ihn und Paula zu sich zu holen. Dort hatte er ein eigenes Kinderzimmer, konnte sogar zu Fuß zur Schule gehen, Papas Freundin Steffi war sehr nett, es gab oft Pommes; und Fernsehen durfte er auch mehr als bei Mami. Bei seiner Mutter fand er es auf eine andere Art besser. Sie umsorgte ihn mehr, kochte irgendwie besser, und er mochte ihren Mann Nico sehr, sehr gern. Seine Mutter spielte sogar öfter Fußball mit ihm als Papi. Es gab Tage, an denen Ole es toll fand, wie alles war. Dann sagte er sich: Hätten Mama und Papa sich nicht voneinander getrennt, hätte er weder Mamis Mann noch Papis Freundin kennengelernt. Trotzdem hatte er manchmal eine wahnsinnige Sehnsucht nach seinem Vater, wenn er gerade bei der Mutter war, und umgekehrt.

Ein anderes Mal suchte Ole ein ganz bestimmtes Spielzeug, und dann fiel ihm ein, daß es in seinem anderen Zuhause war. Als er neulich seinen sechsten Zahn verloren hatte, stellte er fest, daß die Zahndose bei Papi war, er legte den Zahn zwar fürsorglich weg, wußte allerdings nicht mehr, wohin. Das Versteck war wohl zu gut. Wieder ein anderes Mal stellte er fest, daß sein Fußball platt war, die Luftpumpe aber bei Mami. Alles konnten seine Eltern ja nun wirklich nicht doppelt kaufen, das sah Ole ein. Trotzdem war es ärgerlich. Es war manchmal wirklich nicht leicht, in zwei Welten zu leben. Das waren die Momente, in denen Ole fast verzweifelte und sich die alte Familie zurückwünschte.

Er kam auch manchmal ein bißchen durcheinander, dann sagte er zu Nico aus versehen »Opa«, weil er gerade mit seinen

Großeltern im Urlaub gewesen war, oder er sagte zu seiner Mutter »Papi«. Meistens lachten dann alle herzlich darüber. Paula passierte das übrigens auch. Ole fiel ein, daß er zu Nico komischerweise noch nie Steffi gesagt hatte. Immerhin. Als er darüber nachdachte, mußte Ole selbst grinsen. Das wär ein klasse Gag. Vielleicht würde er das mal machen. So aus Quatsch.

Es gab zwei Dinge, die Ole wirklich nicht verstand und über die er immer wieder nachdenken mußte. Zum einen, warum sein Vater und seine Mutter, seit sie nicht mehr zusammenlebten, nie mehr stritten. Im Gegenteil, sie tranken manchmal eine ganze Stunde oder länger zusammen Kaffee, hatten Spaß und redeten ganz normal, manchmal hörte man sie aus der Küche herumgickern oder sogar lauthals lachen. Das zweite war, daß Papi schon wieder ein Kind kriegte. Mit Steffi. Ole hatte Angst, daß dann wieder alles anders werden würde. Bisher hatte er sich nicht getraut zu fragen, ob Mama und Nico auch noch Kinder wollten. Das wäre der Untergang. Aber die Erwachsenen machten ja doch, was sie wollten. Er konnte es bestimmt nicht ändern.

Ole klappte das Heft zu, stand auf und schob sich noch schnell eine Brezel aus der Tüte quer in den Mund. Dann fiel ihm ein, daß er sich das neue Micky-Mouse-Heft noch gar nicht besorgt hatte. Blöder Asterix. Ole kramte Geld aus seinem Sparschwein – das entdeckte er nach längerem Gesuche endlich in der Spielzeugkiste, nahm den Ersatzschlüssel aus der Keramikschale, schlüpfte in seine Schuhe und düste los. Zum Kiosk. Es war eigentlich streng verboten wegzugehen, wenn Mami es nicht erlaubt hatte. Egal. Wenn er sich beeilte, war er vor ihr wieder zu Hause.

Ein paar Worte vorab

Susanne, Nico, Paula und Ole sind eine Stieffamilie, die ihre neue Situation verhältnismäßig souverän meistert. Dennoch (oder gerade deshalb) sind sie ein gutes Beispiel für eine familiäre Konstellation, in der heute unzählige Menschen leben. Glaubt man den Prognosen der Soziologen und Familienstatistiker, werden es bald noch viel mehr sein. Was sich in den Köpfen und Herzen von Susanne, Nico, Paula und Ole zu Ängsten und Ansprüchen, Unsicherheiten und Enthusiasmus formt, steht stellvertretend für die komplexe Seelenlage von Stiefverhältnissen. Und eines ist sicher: Je sensibler, bewußter und aktiver die Anbahnung einer Familie mit einem nichtleiblichen Elternteil gestaltet wird, desto größer sind die Chancen für ein Gelingen. Oder andersherum: Je tiefer die Beteiligten den Kopf bei zwangsläufig aufkommenden Gefühlsunsicherheiten in den Sand stecken, desto wahrscheinlicher ist, daß die Familienzusammenführung sich in Richtung »zweite Wahl« entwickelt oder sogar scheitert.

Wir leben in aufgeklärten Zeiten, in denen so gut wie alles möglich ist. Auch familiär. Mit Trauschein oder ohne, ob lebenslang treu oder »Darf ich Ihnen meine siebente Frau vorstellen?«, ob Kernfamilie oder mit gemeinsamem Sorgerecht nach der Trennung – die Freiheit in Fragen individueller Familiengestaltung rund um die Jahrtausendwende ist nahezu grenzenlos. Und doch nistet in unseren vernunftbegabten und psychologisch geschulten Köpfen ein Klischee, das überaus hartnäckig zu sein scheint: Stieffamilien sind Problemfälle. Es mag ja in Ordnung sein, »fremde« Kinder großzuziehen, und

eine gesellschaftliche Schande ist es schon lange nicht mehr. Aber ein selbstverständlicher Umgang mit dem Tatbestand, Stiefvater oder -mutter zu sein, fällt den meisten noch schwer.
Schon die Vorsilbe »Stief«, so hat sich bei den vielen Interviews und Gesprächen zu diesem Buch herausgestellt, bereitet vielen Kopfzerbrechen. Sie ist nicht besonders beliebt. Das hat damit zu tun, daß der alte, von Märchen und Mythen genährte Klang des Bösen weiter mitschwingt und noch niemandem eine neue, nettere, unbeschwertere Bezeichnung für nichtleibliche Väter und Mütter eingefallen ist. Und es hat etwas damit zu tun, daß Stiefverhältnisse fast immer aus der Not gescheiterter Partnerschaften heraus entstehen. Stieffamilien sind Ersatz, zweite Wahl, Notlösungen – jedenfalls solange wir die äußere, scheinbar heile Welt der Kernfamilie Vater-Mutter-Kind als gesund empfinden und das »improvisierte« Stief-Modell mit einem »echten« Elternteil plus Partner lediglich als »kleineres Übel«.
Es ist ganz einfach: Solange der Klassiker Vater-Mutter-Kind als natürlich und deshalb heil empfunden wird, muß die Stieffamilie kaputt sein, zumindest problembehaftet. Dabei könnte man, demoskopisch betrachtet, eigentlich annehmen, daß Stiefverhältnisse inzwischen in Richtung Normalfall tendieren. Es gibt nur Schätzungen über die Zahl der Stieffamilien in Deutschland, aber dennoch ist es nicht besonders schwer zu erkennen, daß sie zunimmt. Eine Hamburger Grundschullehrerin formuliert es so: »Es fällt auf, daß die Telefonlisten der Eltern, die ich für meine Klassen führe, immer länger werden. Und das liegt bestimmt nicht daran, daß ich mehr Kinder pro Klasse unterrichte, sondern daran, daß oft vier Namen pro Kind draufstehen. Der der Mutter, der ihres Partners, der des Vaters und der seiner Partnerin.«
Bekannt ist, daß jede dritte deutsche Ehe geschieden wird, in manchen Großstädten bereits jede zweite. In der Hälfte dieser Scheidungsfälle sind Kinder involviert, um die 150 000 pro

Jahr. Von den Geschiedenen geht mindestens jeder vierte wieder eine neue Ehe ein, 21 Prozent der Männer und 23 Prozent der Frauen. Zählt man die nichtehelichen Partnerschaften hinzu, schätzen Statistiker die Zahl der aktuellen Stieffamilien auf zehn bis dreißig Prozent aller Partnerschaften mit Kindern. Tendenz steigend. In acht von zehn Fällen bleiben die Kinder bei der Mutter, der Vater nimmt sie am Wochenende oder an jedem zweiten. Unter zehn Prozent der Alleinerziehenden in Deutschland sind Männer. Deshalb handelt dieses Buch nicht von Stiefmüttern, sondern von Müttern, die sich neu binden. Es geht um die Probleme von und mit Stiefvätern. Probleme, die zum Teil hausgemacht sind, zum Teil programmiert. Rollenfindungsprobleme, der Kampf um Anerkennung und um Liebe.
Trotz des statistischen Hangs zum Normalfall halten die meisten Menschen weiterhin am Idealbild der harmonischen Kleinfamilie fest. Unser Bewußtsein, das ist verständlich, sehnt sich gerade in diesen undurchsichtigen und schnellebigen Zeiten nach einem sicheren, stabilen Nest. Das gilt besonders für Kinder. Nicht nur Paula wünscht sich von ihrer Zauberkugel in der Badewanne, daß sich ihre Eltern wieder lieb haben. Fast alle Kinder tun das. Ihr gefühlsgeleitetes Bewußtsein ist noch nicht in der Lage zu reflektieren, daß es für alle Beteiligten auf lange Sicht besser sein wird, sich zu trennen, als permanent im Streit zusammenzuleben. Sie verstehen nicht, warum ihre Eltern sich nicht mehr lieben wollen. Kinder lieben, fast immer, Vater und Mutter bedingungslos. Für sie ist die Trennung von einem der beiden ein schmerzhafter Verlust, mitunter sogar ein traumatisches Erlebnis. Und dann kommt da auch noch ein »Neuer«, den sie sich nicht ausgesucht haben, der aber trotzdem plötzlich mit ihnen Tisch und Badewanne teilt.
Die Voraussetzungen für den Stiefvater sind also nicht die besten. Andererseits sind gerade Kinderherzen extrem offen. Gerade weil sie Probleme noch nicht vorhersehen und reflek-

tieren und weil sie in der Regel ohne erwachsene Vorurteile auf veränderte Situationen zugehen. Fast alle Stiefmütter und -väter, die wir befragt haben, berichten davon, daß sie erstaunt waren, wie selbstverständlich und vorbehaltlos ihnen ihre Stiefkinder anfangs begegnet sind.

Auch die psychologische Forschung verändert inzwischen ein wenig ihre berufsbedingt problemorientierte Sicht: In einer neuen Studie der amerikanischen Universität in Michigan, in der 160 Scheidungsfamilien mit Kindern zwischen sechs und zwölf Jahren sechs Monate lang und dann noch einmal nach einem Jahr befragt wurden, wurde zum ersten Mal das Stigma der Scheidungs-Problemkinder widerlegt. Kernaussage der Studie: »Mit der Scheidung kommen die meisten Kinder gut zurecht. Die Trennung der Eltern zeichnet sie nicht fürs Leben.« Zwar waren die Kinder im ersten halben Jahr traurig, oft krank und bekamen schulische Probleme. Aber nach einem Jahr, so zeigte sich, waren 85 Prozent wieder weitgehend psychisch stabil. Und der Rest, vermutet die Studienleiterin Abigail Stewart, litt eher noch unter der oft furchtbaren Zeit vor der Scheidung und weniger unter der neuen Situation.

Aus dieser Beobachtung und vielen anderen, die später noch zur Sprache kommen werden, resultiert für uns die Vermutung, daß ein Großteil der später auftretenden Probleme »erwachsenengemacht« sind:

- Weil die Ansprüche zu hoch waren;
- weil sich Stiefväter noch nicht auskennen in der Gefühlswelt der Kinder, aber sich möglichst schnell zumindest einen herzlichen Kontakt wünschen;
- weil sie die Partnerin plötzlich nicht mehr als Geliebte, sondern vor allem als Mutter sehen;
- weil sie schlicht überfordert sind.

Damit keine Mißverständnisse aufkommen: Dieses Buch soll kein Plädoyer für die schnelle Trennung sein, weil die Mehrzahl der Scheidungskinder damit relativ locker fertig zu wer-

den scheint. Wir werden vielmehr unzählige Probleme ansprechen, die das Zusammenwachsen einer Stieffamilie erschweren und auch verhindern können. Es wird um Kämpfe gehen, um den Abschied von geliebten Ritualen und festen Lebensentwürfen, um Ängste, Rollenfindungsprobleme, Konflikte mit dem Expartner und leiblichen Vater, Erwartungsdruck von außen, Schwierigkeiten in Sachen Anerkennung und Alltag, um Zeit-, Geld- und Behauptungsprobleme.
Dieses Buch ist als Anregung zur Gestaltung einer »heilen« Stieffamilie gedacht, mit einer Bewußtheit, die den Beteiligten von Kernfamilien häufig fehlt, weil Vater-Mutter-Kind eben das natürliche Modell ist und deshalb bewußte Gestaltung und Reflexion nicht nötig scheinen.
Eine Stieffamilie kann vor allem eines sein, der Keim für tiefe befriedigende menschliche Bindungen, die frei erworben werden können.

Mein Name ist Stief

Das Wort Stief kommt aus dem englischen »step« und bedeutet übersetzt in diesem Falle »eines Elternteiles beraubt«. Stief ist ein negativ besetzter Begriff, der in unseren Köpfen Assoziationsketten von bösen Menschen in Gang setzt. Denken wir an Schneewittchens oder Aschenputtels Stiefmütter (besonders Stiefmütter haben ein Problem mit der negativ besetzten Rolle, Männer tauchen weder in der Theaterliteratur noch in Sagen oder Märchen als die bösen Stiefväter auf). Natürlich könnte man diesem Begriff ein Synonym geben, das positiver klingt. Damit wäre aber wohl nichts gewonnen. Die einzige Chance, die wir und auch viele mit dem Problem vertraute Familientherapeuten sehen, ist, »Stief« in der Zukunft ein besseres Image zu geben. Mit anderen Worten: Man kann den Begriff nur mutig benutzen, bis sein Klang neue, wertfreie, positive Assoziationen auslöst.

Die schiefen Vorstellungen, die Stieffamilien von sich selbst und die Außenwelt von ihnen haben, sind häufig hinderlich auf dem Weg in eine »offene Familie«. Viele Stieffamilien glauben sogar, ihre familiär unzureichende Identität unter den Teppich kehren zu müssen. Die betroffenen Personen haben das Gefühl, in ihrer anderen Form des Zusammenlebens nicht zu genügen und den gesellschaftlichen Ansprüchen nicht gerecht zu werden. Zum Glück machen sich aber immer mehr Menschen davon frei, kümmern sich nicht darum, daß die Nachbarn tuscheln könnten, und gehen ihren Weg. Im Normalfall sehen die meisten Stieffamilien der neuen Lebensperspektive sogar mit Enthusiasmus und viel Hoffnung entgegen. Das ist positiv, würden sich nicht allzu viele selber zu sehr unter den Druck setzen, dieses Mal »alles besser machen« zu wollen. Ungeduld, das sei schon vorweg gesagt, ist wohl der schlechteste Stieffamilien-Berater.

Verstärkt wird der Druck oft von einem ewig schlechten Gewissen der leiblichen Eltern nach der Trennung. Sie machen sich natürlich Sorgen um das Seelenleben ihrer Kinder, fühlen sich als Eltern unzulänglich und befürchten, ihre Kinder würden auf ewig einen seelischen Schaden davontragen. Um so mehr bemühen sie sich, das neue Partnerglück möglichst schnell zum Familienglück werden zu lassen.

An dieser Stelle möchten wir auch schon einmal darauf hinweisen, daß es nicht zwangsläufig so sein muß, daß ein Mann, der sich in eine Frau verliebt, ebensolche Sympathie für ihre Kinder hegen muß. Niemand kann einen Mann zwingen, seine Stiefkinder zu lieben. Und nicht alle Stiefkinder lieben den Partner der Mutter. Eine Stieffamilie sollte eine freundschaftliche, auf gegenseitige Achtung angelegte Gemeinschaft anstreben. Wenn sich alle Beteiligten irgendwann lieben, ist das natürlich um so schöner. Wichtig ist nur, daß man es nicht erwartet oder gar einfordert, und damit ein gefährlich überzogenes Wunschdenken als Maßstab für die emotionale Basis anlegt.

Was ist eine Familie?

Soziologen sprechen von einer Metamorphose der Keimzellen unserer Gesellschaft. Anders gesagt: Die Familie ist im Wandel. Um Verständnisschwierigkeiten zu umgehen, möchten wir an dieser Stelle einen Blick in die Definitionswelt werfen:

Die *Kernfamilie* ist eine Familie, in der beide leiblichen Elternteile mit ihrem Kind oder ihren Kindern zusammenleben, die »heile« Familie also.

Eine *Einelternfamilie* ist ein Konstrukt, in dem nur ein Elternteil vorrangig oder auch ganz die leiblichen Kinder erzieht, eine alleinerziehende Mutter oder ein alleinerziehender Vater mit ihrem/seinem Kind oder Kindern.

In einer *Stieffamilie* oder auch *zusammengesetzten* oder *offenen Familie* ist mindestens einer der Erwachsenen kein leiblicher Elternteil. In diesem Buch unterscheiden wir nicht, ob das Paar einen Trauschein hat oder nicht.

Als *Patchworkfamilie* bezeichnet man die Konstellation, in der leibliche Kinder und Stiefkinder gemeinsam leben. Ein Elternteil oder beide bringen Kinder mit in die Partnerschaft, haben aber auch noch mindestens ein gemeinsames Kind.

In einer *Wochenend-Stieffamilie* leben die leiblichen Kinder eines Elternteils nur an einigen Wochenenden in der neuen Familie. Diese Familien können noch eigene leibliche Kinder haben, oder es können Kinder des anderen Elternteils ständig oder aber auch nur am Wochenende dort leben.

Soweit die soziologische Grobstruktur unserer modernen Familienwelten. Schon darin ist die Vielfalt zu erkennen, in der sich Familie heute darstellt. Noch deutlicher wird es, wenn man sich konkret in seinem Freundschaftskreis umschaut. Hier ein paar Beispiele aus dem Fundus der Interviews zu diesem Buch, aus der Sicht der Kinder:

Emely, 7, lebt bei ihrer Mutter. Die hat wieder geheiratet und mit dem neuen Mann eine gemeinsame Tochter. Alle zwei Wochen holt ihr leiblicher Vater Emely für fünf Tage zu sich. Ihr Vater ist Single.

Anton, 5, lebt in zwei verschiedenen Einelternfamilien, sowohl bei seiner Mutter als auch bei seinem Vater. Er hat bei beiden ein Kinderzimmer und wechselt alle ein bis drei Tage vom einen Zuhause zum anderen. Oft darf Anton auch mitentscheiden, wo er gerade wohnen möchte. Vor kurzem hat seine Mutter einen anderen Mann kennengelernt, und sie hat Anton auch schon einmal gefragt, wie er es denn fände, wenn »der Neue« zu ihnen ziehen würde.

Mathilda, 13, lebt in zwei Stieffamilien. Eine Woche bei der Mutter, eine Woche beim Vater. Mathildas Mutter hat kürzlich wieder geheiratet, ihr neuer Mann hat keine eigenen Kinder. Mathildas Vater hat eine Freundin, die zwei Kinder mit in die Partnerschaft gebracht hat. Mathildas Stiefgeschwister verbringen das Wochenende aber oft bei ihrem Vater, so daß Mathilda tageweise dort ein Einzelkind ist. In einem halben Jahr bekommt Mathildas Stiefmutter ein weiteres Kind.

Achmed, 14, hat nach der Trennung seiner Eltern – da war er drei Jahre alt – bei seinen Großeltern gelebt. Als sein Vater zwei Jahre später wieder heiratete, holte er seinen Sohn zu sich. Achmed hat inzwischen noch zwei Halbgeschwister, 7 und 3 Jahre alt. Achmed lebt also in einer Familie, in der er das einzige Stiefkind ist. Sein Vater arbeitet viel, seine leibliche Mutter hat Achmed seit elf Jahren nicht mehr gesehen.

Johannes, 16, lebt bei seiner Mutter in Dresden. Sein Vater lebt in Freiburg. Er kann ihn nur in den Ferien besuchen, manchmal auch an verlängerten Wochenenden. Sein Vater hat wieder geheiratet und mit seiner neuen Frau noch ein Kind bekommen. Johannes' »Ferien-Stiefbruder« ist zwölf Jahre alt.

Franziska, 11, und *Erik*, 10, leben bei der Mutter. Vor acht Jahren verstarb der leibliche Vater der Kinder. Seit etwa fünf Jahren hat die Mutter einen Freund, der vor einem Jahr bei der Familie einzog.

Die Eltern von *Finn*, 3, haben nie als Paar zusammengelebt. Nachdem Finn ein Jahr lang mit seiner Mutter allein war, hat diese kürzlich geheiratet. Nun lebt Finn als einziges Kind in einer Stieffamilie. Seinen Vater besucht er etwa zweimal im Jahr. Finns Vater hat inzwischen auch geheiratet und ein weiteres Kind.

Als ihre Mutter schwanger war, ließ ihr Freund sie sitzen. Noch in der Schwangerschaft ging die Mutter eine neue Partnerschaft ein. *Elsa*, 17, nahm lange an, ihr Stiefvater sei ihr leiblicher Vater. Als ihre Mutter und er sich trennten, ließ Elsas Stiefvater den Kontakt allerdings nicht abbrechen. Elsa lebte etwa drei Jahre mit ihrer Mutter allein, bis die Mutter einen Freund fand. Sie bekam ein weiteres Kind. Elsa wurde wieder Stiefkind. Auch diese Partnerschaft zerbrach. Seit zwei Jahren lebt Elsa mit ihrer Mutter und ihrer Stiefschwester allein. Die Mutter hat einen Freund, mit dem sie aber nicht zusammenlebt.

Anfang heißt immer auch Abschied

»Stieffamilie ist man nicht, man wird zu einer«, sagt Hans Dusolt, Diplom-Psychologe und Familientherapeut aus München. »Man wächst zusammen, und dieser Prozeß braucht seine Zeit und durchläuft in der Regel mehrere Phasen.« Die amerikanische Autorin Patricia Papernow nennt in *Stepfamily Cycle* sieben Stufen dieser Entwicklung:

Erste Phase

1. Hohe Erwartungen
2. Realitätsschock
3. Bewußtwerden

In diesen frühen Stufen ist die Familie noch auf die blutsverwandten Beziehungen ausgerichtet. Der biologische Anteil, die Elternteil-Kind-»Mini-Familie«, ist absolut dominant, der Stiefelternteil läuft sozusagen als drittes Rad am Wagen mit.

Zweite Phase

4. Mobilisierung
5. Handlung

In der mittleren Phase fängt die Familienstruktur an aufzutauen, sich auf das neue Beziehungsgeflecht einzustellen und sich zu bewegen.

Dritte Phase

6. Kontakt
7. Stabilität

In den späteren Stufen, wenn bis dahin alles gut läuft, entwik-

kelt sich die neue Stieffamilie mit zuverlässigen und herzlichen Beziehungen, insbesondere zwischen den erwachsenen Partnern. Als eine der ersten und gleichsam wichtigsten zu bewältigenden Aufgaben führt Dusolt den »Umgang mit Verlust und Veränderung« an, das Abschiednehmen also und gleichzeitig der Sprung ins kalte Wasser.
Mindestens zwei Mitglieder aus einer Stieffamilie haben zuvor in verschiedenen familiären oder auch Single-Welten gelebt, unter anderen Bedingungen, anderen Vorzeichen, mit anderen Regeln, Ritualen und Gewohnheiten. Mit der Gründung einer Stieffamilie beginnt deshalb eine schmerzvolle, aber auch gleichzeitig aufregende Zeit. Spannend ist der Neubeginn, schmerzlich der Abschied. Abschied von gewohnten Lebensweisen und geliebten Alltäglichkeiten wie der Lockerheit, mit der ein Exsingle noch vor kurzem seinen Abwaschberg anschimmeln lassen und spontan ins Kino gehen konnte, oder den schönen Minuten, in denen die Exalleinerziehende jeden Abend mit ihrer Tochter gegessen und über Gott und die Schule geplaudert hatte.

Stieffamilien gründen auf Verlust

Es gibt vermutlich keine neuentstandenen Stieffamilien, in denen diese schlichte Art von Trauer um verlorene Gewohnheiten nicht auftaucht. »Stieffamilien gründen auf einen Verlust«, sagt Dusolt und führt hier unter anderem auch das Zerplatzen von Träumen an, für Erwachsene »den Verlust unserer Träume über Partnerschaft«, für Kinder »den Verlust ihrer Phantasien über die Form von Familienleben, wie sie es sich wünschen«.
Kinder erleben zudem mit der Gründung einer Stieffamilie eine deutlich eingeschränkte Verfügbarkeit des leiblichen Elternteiles – plötzlich entdecken sie das Gefühl, die Mutterliebe mit jemand neuem teilen zu müssen. Es ist vielleicht das erste

Mal, daß ihnen ein nicht verwandter und deshalb nicht vertrauter Mensch ins Nest gesetzt wird, und den sie, bitte schön, mögen und darüber hinaus sogar liebhaben sollen. Am tiefsten aber trifft Kinder die Trennung oder sogar der Verlust eines leiblichen Elternteiles. Das ist wohl die schmerzlichste Erfahrung für ein Kind.

Das Abschiednehmen ist also in der Regel für Kinder am schwersten. Je kleiner sie sind, desto stärker werden sie ausschließlich von ihren Gefühlen getragen. Auch wenn der Abschied schon eine geraume Zeit zurückliegt, wird ein Kind Jahre oder Jahrzehnte brauchen – manche Kinder schaffen es nie –, um über den völligen Verlust eines Elternteils hinwegzukommen. Und selbst, wenn beide Eltern noch im Alltag des Kindes präsent sind, so werden die Kinder darunter leiden, daß ihre leiblichen Eltern nicht mehr zusammenleben.

Stieffamilien begehen oftmals den Fehler, den Kindern die neue Familie als Ersatz zu »verkaufen«. Eine Stieffamilie ist keine Kernfamilie, sie ist anders, und muß auch anders funktionieren. Es hilft niemandem, diese Wahrheit nicht anzunehmen. Kinder, die beim Bäcker oder in der Schule nicht klar aussprechen dürfen, daß sie Stiefkinder sind (»Das ist aber gar nicht mein Papi, das ist ... Karsten«), werden sich in ihrer Unsicherheit einkapseln oder mit der Zeit immer penetranter danach streben, sich abzugrenzen und die Familienverhältnisse nach außen klar und deutlich darzustellen. Alles andere würde für sie eine Lebenslüge oder gar einen Verrat am anderen Elternteil bedeuten. Sie haben ja in der Regel einen leiblichen, zumindest gelegentlich anwesenden Vater.

Und auch Erwachsene fühlen sich bei der ewigen Schauspielerei nicht wohl in ihrer Haut. Aus einem schlechten Gewissen heraus – die Kinder leiden ja unter einer Trennung der Eltern – und, um den Kindern endlich wieder ein Zuhause geben zu können, mit Mann, Frau und Kind, versuchen viele Eltern die Tatsache, daß sie eine »zusammengewürfelte« Familie sind, zu vertuschen. Sie wollen die Empfindung des Gescheitert-Seins möglichst schnell aus ihrem Bewußtsein löschen und haben es häufig viel zu eilig, die Wunden mit dem Balsam der Verdrängung bestreichen zu wollen.

Jeder Anfang hat eine Vergangenheit

Es mag simpel und selbstverständlich klingen, ist es aber nicht: Eine Stieffamilie sollte dazu stehen, eine Stieffamilie zu sein. Sie sollte sich nicht minderwertig fühlen. Neben den Anlaufproblemen, die zwangsläufig zu bewerkstelligen sind, birgt sie auf der anderen Seite Möglichkeiten, die eine Kernfamilie nicht hat. »Stieffamilien sind anders als Kernfamilien«, sagt auch Dusolt: »Die Andersartigkeit ist die Ursache für das unangenehme Gefühl, das die Beteiligten möglicherweise bei sich wahrnehmen. Die meisten Betroffenen sind der Meinung, daß es hilfreich ist, die Unterschiede genau zu kennen. Bescheid zu wissen, hilft uns nämlich zu verstehen, daß wir nicht allein sind mit unseren Gefühlen und wir auch nicht ›falsch‹ fühlen. Dieses Wissen kann uns das Gefühl vermitteln, daß wir besser in der Lage sind, mit unserer Situation umzugehen, und kann uns helfen, uns weniger ausgeliefert zu fühlen. Und das verschafft Erleichterung.«
Erwachsene haben mit Veränderungen im Leben und dem Abschiednehmen schon häufiger Erfahrungen gemacht als Kinder. Sie haben die Schule gewechselt oder auch den Arbeitsplatz, sie sind aus dem elterlichen Haus ausgezogen. Und: Die meisten Erwachsenen haben Erfahrungen mit dem Tod, der Großmutter, einer Tante, eines Freundes oder vielleicht sogar dem Tod des Vaters oder der Mutter. In dieser Beziehung sind Erwachsene Kindern gegenüber im Vorteil.
Zu dem Problem, mit einem bislang unbekannten Schmerz, Verlustängsten und Veränderungen umzugehen, kommt für Kinder noch hinzu, daß sie sich den Menschen, an dessen Seite

sie fortan leben, nicht ausgesucht haben. Der Neuling in der Familie, der Stiefvater, wird ihnen wie ein Fremdkörper von der Mutter vor die Nase gesetzt. Irgendwann sitzt er dann ganz selbstverständlich am Frühstückstisch, will Fußball gucken, wenn gerade die Sesamstraße läuft, blockiert das Telefon, hat komische Freunde, die ins Haus kommen, und obendrein noch eine Mutter, die sich womöglich aufspielt wie die leibliche Oma persönlich.

»Eine Stieffamilie ist die Schlußphase eines Prozesses, der mit dem Auseinanderbrechen einer Ehe – sei es durch Tod oder Scheidung – beginnt«, schreibt das amerikanische Psychologenpaar Visher/Visher.[1] Und doch müssen beide Seelenzustände, Abschied und Neubeginn, zeitlich parallel nebeneinander ihren Platz finden.

Ein Kind, welches nahtlos von der Kern- in eine Stieffamilie wechselt, wird sicherlich mehr Zeit brauchen, sich einzufügen, und sich mit geballteren Konflikten konfrontiert sehen, als ein Kind, das die Möglichkeit hatte, sich mit der Trennung der leiblichen Eltern auseinanderzusetzen oder sich mit dem Abschied von der Einelternfamilie anzufreunden. In einer Kernfamilie haben beide Elternteile die Möglichkeit, nach und nach in ihre Rolle hineinzuschlüpfen: Schwangerschaft, der erste Schrei, das erste Wort, die ersten Tränen. Stieffamilien starten im Grunde von heute auf morgen durch.

Rückspiegel sind vorgeschrieben

Die Voraussetzungen für Stieffamilien sind extrem unterschiedlich, abhängig vom Verhältnis der leiblichen Eltern zueinander, dem Alter der Kinder und der Rollenaufteilung innerhalb der neuen Familie beispielsweise. Insofern sind auch die Problemfelder ganz verschieden. Das Gefühl des Abschiednehmens jedoch kennen alle Stieffamilien. Und von diesem Abschied – im Idealfall einer »harmonischen

Scheidung« – hängt es ein gutes Stück weit ab, ob der Neubeginn gelingt. Ein Mann und eine Frau, die Kinder haben, werden immer die leiblichen Eltern bleiben. Je stärker sie sich nach der Trennung um einen guten Kontakt – zumindest was die Kinder angeht – bemühen, desto besser wird auch die Basis für die neue Familie sein.

In vielen Stieffamilien geht der Abschied im Alltag unter und wird vom Enthusiasmus und der Aufregung des Neuen überschattet. Und der Blick zurück ist schließlich häufig mit unschönen Altlasten verknüpft. Es scheint erst einmal einfacher, nicht mehr über das Vergangene nachzudenken. Wer guckt schon gern auf den Scherbenhaufen einer gescheiterten Beziehung, auf Streit, Frust, Lethargie, Langeweile und Einsamkeit zurück. Bilder von unschönen Erlebnissen tauchen auf, vielleicht stellt sich auch Sehnsucht nach alten Freiheiten, die jetzt plötzlich so eingeschränkt sind, ein. Deshalb versteifen sich viele Menschen auf den positiven Schnitt. Sie sind voller Hoffnung, das neue Familienleben zu gestalten, sich kennenzulernen, Gemeinsamkeiten zu finden, sich zusammenzuraufen, und verkennen dabei die Bedeutung des Abschieds vom vielleicht nicht angenehmen, aber doch vertrautem Alten.

Der Ex muß nicht einmal viel Einfluß auf das Leben der Stieffamilie nehmen. Dennoch wird er, wenn er sich als Vater weiterhin um seine Kinder bemüht, das Leben der Kinder mitbestimmen. Der Umgang der Geschiedenen miteinander, darüber ist man sich in familientherapeutischen Kreisen einig, ist ein Grundstein für die Qualität aller nachfolgenden Stiefverhältnisse. Es muß nicht zwingend ein liebevoller Umgang sein – vielen Geschiedenen ist das nicht mehr möglich –, aber zumindest sollte man einen sachlich-pragmatischen Austausch über die Belange und Probleme der gemeinsamen Kinder anstreben.

Gelassene Kommunikation zwischen den leiblichen Eltern erleichtert den Einstieg in die neue Familie. Denn Kinder blicken auf jeden Fall zurück. Sie spüren, daß es nie mehr so wie früher sein wird. Sie erinnern sich an ihre alte Welt, daran, daß ihr Vater sie morgens auf dem Weg in sein Büro immer zur Schule mitgenommen hat, daß ihre Mutter immer da war, weil sie noch nicht gearbeitet hat, und selbst die Streitereien zwischen ihren Eltern haben für sie eine Vertrautheit. Das Kind wird, abhängig von seinem Alter und dem Beziehungsgeflecht innerhalb der Familie, für lange Zeit den Vater an der Seite der Mutter erinnern. Und der andere Mann an der Seite der Mutter gefällt, zumindestens anfangs, vermutlich nun mal weniger als der eigene Vater.

Auch wenn die Trennung der Eltern wie der klarste Schnitt erscheint, so ist Abschiednehmen doch ein fließender Prozeß. Wer nicht Meister der Verdrängung ist, kennt das: Wenn die geliebte Großmutter stirbt und man nach ihrem Tod erstmals wieder ihr Haus betritt, dann ist sie in den Räumen noch so lebendig, als käme sie gleich um die Ecke, um das Kaffeewasser aufzusetzen. Man kann sich einfach nicht vorstellen, daß sie nicht mehr da ist. Die Großmutter war immer da, seit man denken kann, und nun soll sie fort sein? Vielleicht bildet man sich sogar ein, den vertrauten Klang ihrer Stimme zu hören. Nur für eine Sekunde. Und dann fällt es einem wieder ein. Sie ist nicht mehr da. Und obwohl man sich dessen bewußt ist, gibt es immer wieder Situationen, in denen man es vergißt, es verdrängt oder es sich nicht vorstellen kann. Das Gefühl und die Bilder verdrängen die Tatsache. Und wenn man das großmütterliche Haus verläßt, dann sieht man sie plötzlich doch wieder an der Haustür stehen und winken, so wie sie immer gewinkt hat, auf die ihr eigene so vertraute Weise, wie sie ihre Hand zum Abschied hebt, wie sie die rosa Strickjacke um den Körper schlingt und trotz ihres leichten Buckels um eine gerade Haltung bemüht ist. Dieses Bild hat man vielleicht ein Leben lang vor Augen, und dennoch begreift man mit der Zeit, daß die Großmutter unwiederbringlich verloren ist. Einige Bilder, die vor dem Geiste auftauchen, werden mit der Zeit blasser, andere bleiben warm und stark.

Erinnerungen und Erlebtes legt man nicht ab wie ein T-Shirt.

Wichtig beim Abschiednehmen ist der Prozeß des Begreifens und Annehmens von Lebenssituationen. Es wäre fatal, wenn man dieses emotionale Begreifen nicht zuließe oder die Realität verweigerte: Die Großmutter ist tot, der Vater lebt jetzt woanders – die scheinbar heile Familie gibt es nicht mehr. Die Vergangenheit beeinflußt den neuen Lebensabschnitt zu Beginn am intensivsten und alle Beteiligten tragen sie in die neu gegründete Familie hinein. Ist das Scheitern einer Partnerschaft noch frisch, wird die Reflexion darüber (oder auch das Verdrängen) noch in einem sehr viel höheren Maße in der neuen Familie präsent sein. Die »alten« Probleme können eine Partnerschaft belasten. Viele emotionale Konflikte in Stieffamilien resultieren aus früheren Beziehungen. Dusolt: »Es ist hilfreich, sich zu vergegenwärtigen, daß jede Person in der Familie einen Verlust erfahren hat, da jede Veränderung das Loslassen von früheren Lebensbedingungen und persönlichen Beziehungen beinhaltet.«

Schöne alte Welt

»Als ich das erste Mal unangemeldet in seiner Junggesellenbude auftauchte, das war an einem Samstag, hatte Nico es sich gerade so richtig gemütlich gemacht. Überall flogen Klamotten herum, in der Küche türmte sich das Geschirr, und Nico saß gebannt mit einem Teller Salamischnitten und einer Flasche Bier vor dem Fernseher und verfolgte irgendein Fußball-Länderspiel. Er nahm mich kaum wahr, obwohl ich mir die (gerade mal zwei) Stunden mit viel Organisationstalent freigeschaufelt hatte. Nico wußte das nicht und hatte offenbar auch nicht darüber nachgedacht. Er war es gewohnt, immer gehen oder kommen zu können, wann er wollte, und zu machen, was er wollte. Also schmierte ich mir auch eine Stulle, kuschelte mich in seinen Arm und verschwand nach zwei Stunden wieder, genervt und unzufrie-

den, um meinen Mutterpflichten nachzukommen. Ich hatte einfach erwartet, daß er sich mehr auf meine enge Zeitplanung einstellen würde.
Damals prallten Welten aufeinander. Unser beider Leben war so unterschiedlich. Nicht nur im Zeitablauf, auch von der Belastung her, den Akzenten, die wir setzten. Ich erinnere mich daran, daß ich damals überlegte, wann ich das letzte Mal eine Vorabendserie im Fernsehen geguckt hatte. Mich überfiel plötzlich eine wahnsinnige Sehnsucht nach Freiheit.
Diese Begebenheit liegt schon drei Jahre zurück, und seit etwa zwei Jahren leben Nico, die Kinder und ich als Stieffamilie zusammen. Ich denke oft an diesen Abend zurück, weil er noch heute stellvertretend für so viele Momente und Verhaltensmuster Nicos steht. Für mich ist dieser Abend ein Schlüsselerlebnis. Dieses gemütliche Mit-Sich-Selbst-Sein, das kannte ich nicht mehr, hätte es aber auch gern genossen.
Nico fehlt sein selbstbestimmtes Leben nach wie vor. Er hat sich noch immer nicht wirklich mit dem Alltag arrangiert, den ein Leben mit Kindern mit sich bringt. Manchmal beschleicht mich das Gefühl, er will es gar nicht, oder zumindest nur bis zu einem bestimmten Grad. Natürlich wird auch Nico inzwischen immer häufiger von einem so elterntypischen schlechten Gewissen geplagt. Ich glaube, er spürt die Verpflichtung, weil er zu einem gemeinsamen Leben mit mir und meinen Kindern ›Ja‹ gesagt hat, und trotzdem windet er sich von Zeit zu Zeit heraus.«

Schöne neue Welt?

Susanne sagt »herauswinden« und meint damit Nicos zeitweilige Fluchttendenzen. Offensichtlich nimmt sie ihm übel, daß er sich von seinen junggeselligen Gewohnheiten noch immer nicht verabschiedet hat und nicht immer voll da ist für seine neue Familie. Diese Kritik an der zu langsamen, unentschlossenen Annäherung haben wir in den Gesprächen mit Stieffamilien in den verschiedensten Versionen gehört. Verständlich, aber auch gefährlich. Psychologen raten den Beteiligten, sich »Auszeiten« zuzugestehen. Muß Nico seine Bedürfnisse ständig hinten anstellen, ohne schon neue entwikkelt zu haben, ist wohl zwangsläufig die Folge, daß er sich die Auszeiten heimlich nimmt. Und sich obendrein noch schuldig dabei fühlt.

Rückgriff auf vertraute Rollenmuster

Andererseits steht das Beispiel von Susanne und Nico für die noch immer typische Gestaltung von Stieffamilien: Ist der Mann derjenige, welcher neu in der Familie ist, bleibt die Verantwortung an der Mutter hängen; wird die Frau Stiefmutter, übernimmt sie viele der Rollenmuster einer »echten« Mutter, und der Mann zieht sich in die Arbeitswelt zurück.
Susanne ist selbständige Maskenbildnerin, ihr Mann Nico freier Regisseur. Für beide sieht die Auftragslage gut aus, und beide verdienen gut. »Wenn Nico ein Angebot bekommt, dann wägt er ab, ob die Kohle stimmt und sein künstlerischer Anspruch befriedigt wird«, erzählt Susanne. Wenn aber für sie selbst ein Job winkt, dann wägt sie erst einmal nur eines ab: Wo sie die Kinder in der Zeit unterbringen kann. Wenn Susanne sich mit Freunden verabredet, fragt sie Nico, ob er »babysittet«, wenn Nico sich verabredet, teilt er Susanne einfach nur seinen Termin mit.
Natürlich wäre es vermessen zu behaupten, alle Väter und Stiefväter verhielten sich so, aber sicher trifft es auf einen Großteil der deutschen (Stief-)Familien zu.
Stieffamilien wachsen nicht in das Elternsein hinein, sie planen keine Kinder und haben auch keine neun Monate Zeit, um die künftige Rollenverteilung zu besprechen. Sie haben plötzlich gemeinsame Kinder – zeitweilig, jede zweite Woche oder

immer –, und deshalb greifen sie oft intuitiv zu vertrauten Rollenmustern.
Viele Mütter berichten, daß sie sich nicht trauen, an den Stiefvater der Kinder ein ähnliches Anspruchsdenken heranzutragen wie an den Vater ihrer Kinder, weil es eben nicht seine Kinder sind und sie sie auch nicht gemeinsam geplant haben. Mit dem Schritt, zu dem Stieffamilien-Zusammenschluß »Ja« zu sagen, entscheiden sich Männer häufig für eine Familie, ohne zu realisieren, was es für sie bedeutet. Und während sie schon mittendrin stecken, müssen sie Absprachen treffen, über ihren Anteil an der Erziehung, ob sie sich aufs Geldverdienen beschränken, wieviel Freiheit sie sich noch genehmigen können und viele andere Fragen mehr. Für manche mag das überfordernd sein, andere nehmen die Anforderung als Chance – eben weil sie das Beziehungsgeflecht innerhalb der Stieffamilie von Anfang an mitgestalten können.
Aber zurück zu Susanne und Nico. Es ist offensichtlich, daß Nico Auszeiten braucht. Susanne weiß das, und die möchte sie ihm auch zugestehen, obwohl sie dafür zurückstecken muß und im Grunde selbst gern mehr Freiräume hätte. Was sie allerdings nervt, sind Nicos spontane, einsame Entscheidungen, mit denen er sie immer wieder vor vollendete Tatsachen stellt. Daß er immer noch nicht begriffen zu haben scheint, daß in jeder familiären Gemeinschaft Absprachen ebenso wichtig sind wie Freiräume. Simpel ausgedrückt: Jeder muß sich darauf einrichten, Neues anzunehmen, Altes abzugeben und Kompromisse einzugehen.

Das Paar ist die Basis

Dusolt: »Stieffamilien funktionieren dann am besten, wenn das Paar die stärkste Einheit ist, wenn es als Team Entscheidungen fällen und genügend Zuwendung, Schutz und Führung für alle

Familienmitglieder gewährleisten kann. Die Aufgabe der Stieffamilie ist es, sich von einer blutsverwandten Mini-Familie mit einem Stiefelternteil-Außenseiter (oder, wenn beide Erwachsenen Kinder mitbringen, sich von zwei miteinander konkurrierenden Mini-Familien) zu einer Familie zu entwikkeln, die durch ein starkes, kooperatives Paar zusammengehalten wird. Dieses Ziel erfordert, daß sich jeder in der ganzen Familie umstellt.«

Und auch wenn die Voraussetzungen gut sind und sich alles bestens entwickelt, ist der Prozeß des Zusammenwachsens für die meisten eine Geduldsprobe: »Schnelle Familien durchlaufen den ganzen Zyklus innerhalb von ungefähr vier Jahren«, schätzt Dusolt. »Durchschnittsfamilien brauchen ungefähr sieben Jahre. Sieben Jahre (sogar vier Jahre) mag lange erscheinen; es sind jedoch die ersten vier Phasen, die die beschwerliche Hälfte des Kreises darstellen. Es ist wichtig zu sehen, daß die Unterschiede zwischen den Familien in erster Linie in der Zeit liegen, die sie brauchen, um sich in der frühen Phase zusammenzuraufen. Schnelle Familien brauchen dazu ungefähr ein Jahr. Durchschnittsfamilien brauchen drei bis vier Jahre. ›Festsitzende‹ Familien verbleiben mehr als fünf Jahre in den frühen Phasen und bewegen sich oft auf eine Trennung zu. Wenn sie durch die frühen Phasen durch sind, brauchen die meisten Familien zwei oder drei Jahre zur Bewältigung der mittleren Phasen, dann schließlich noch ein Jahr für die späteren Phasen.«

Natürlich gibt es Familien, die schon nach einem oder auch zwei Jahren glücklich als Stieffamilie zusammenleben. Man muß die Einmaligkeit einer Familie immer wieder sehen und auch schätzen lernen. Denken Sie an die fraktalen Bilder aus der Chaosforschung. Sie sind alle verschieden, nicht identisch, und dennoch ähneln sie sich alle.

Wieviel Lüge verträgt die Stieffamilie?

Eine Frau trennt sich von dem Vater ihrer Kinder, vereinbart das gemeinsame Sorgerecht und lernt dann einen anderen Mann kennen und lieben. Die Kinder halten zu beiden Seiten (Mutter und Vater) einen liebevollen Kontakt aufrecht. Die fünfjährige Tochter ist neugierig und stellt Fragen wie: »Und liebst du Papi jetzt nicht mehr?« Und ihre Mutter antwortet: »Doch, aber auf eine andere Art, wir können nur nicht mehr zusammenwohnen, weil wir uns nicht mehr so gut verstehen.« Was gelogen ist, denn sie liebt ihren Ex ganz und gar nicht mehr.

Kann Lüge den Neuanfang sanfter gestalten oder vielleicht sogar gut sein für die Stieffamilie?

In der Beziehung sind wir sehr moralisch erzogen: »Lügen haben kurze Beine« heißt es oder »Mit Lügen kann einer durch die Welt kommen, aber bestimmt nicht zurück«. Am härtesten trifft Walther Rathenau: »Wer lügt, stößt Gott einen Dolch ins Herz.« Mag sein, daß der eine oder andere von uns in Steuerfragen oder im Versicherungsfall weniger Skrupel hat zu lügen. Was zwischenmenschliche Beziehungen angeht, ist die öffentliche Moral ziemlich eindeutig: »Du darfst nicht lügen.«

Jeder, der für die Erziehung von Kindern verantwortlich ist, steht sicherlich einige Male vor der Entscheidung, Kindern etwas vorzumachen, sie in irgendeiner Form zu täuschen oder zu beeinflussen. Denken wir nur an die Geschichten vom Weihnachtsmann, dem Osterhasen oder der Zahnfee. Die meisten Eltern erzählen ihren Kindern diese Märchen, irgendwann sind sie nicht mehr haltbar, und sie entscheiden sich

dafür, die erfundenen Figuren zu entmystifizieren. Aber erst einmal tischen wir diese Lügen auf.
Bezogen auf den neuen Mann in der Familie lautet die Antwort »Nein«, Eltern dürfen nicht lügen und gleichzeitig »Ja«, es gibt einige wenige Situationen, in denen man Kinder mit einer Lüge schützt.
Um es gleich vorwegzunehmen: Wir halten die Beantwortung der Frage, ob man Kinder anschwindeln sollte, um sie zu schonen, für eine sehr subjektive Erwägung. Die Lüge der Mutter beispielsweise, daß sie ihren Exmann auf eine andere Art immer noch liebe, kann einfühlsamer sein als die ehrliche Antwort: »Ich finde deinen Vater ganz abscheulich.« Letztlich bleibt es eine sehr private Ermessensentscheidung, wieviel Lüge die Stieffamilie verträgt. Es ist eine Frage der Reife und des Alters der Kinder, der Moral und der Offenheit, mit der alle Beteiligten mit ihrer Lebenssituation umgehen. Aber es kann durchaus berechtigte, sehr unterschiedliche Gründe geben, Kindern die »ganze Wahrheit« schonend beizubringen. Das schlechte Gewissen aber ist in dieser Angelegenheit ein schlechter Lügendetektor.
Wir haben von Paaren erfahren, die regelrechte Schlachtpläne entwickelten, wie sie die ersten Treffen zwischen Stiefvater und Kindern arrangieren wollten. Einige beschlossen, den künftigen Stiefvater erst einmal als einen guten Freund der Mutter vorzustellen, um nicht gleich zu Beginn Eifersucht und Rivalität zu säen. Nach und nach freundeten sich die Kinder mit dem »Freund« der Mutter an. Sie hatten nicht das Gefühl, der Mann an der Seite ihrer Mutter wolle den Vater von heute auf morgen ersetzen. Oft sind es dann die Kinder, die auf den Mann zugehen, sich auf gemeinsame Unternehmungen freuen. Die spätere Ankündigung der Mutter, daß sie »überlegt, mit Bernd zusammenzuziehen«, ist kein Schock mehr für sie. Vieles beim Zusammenwachsen einer Stieffamilie ist eben eine Frage von Timing und Feingefühl.
Dennoch soll hier nicht verschwiegen werden, daß sich die

Lüge später auch zu einem Bumerang entwickeln kann. Es ist verlockend, sich von Zeit zu Zeit mit einer Lüge herauszuwinden, nicht aber immer dem Kindeswohl zuträglich. Ein Kind, das herausfindet, daß ihm etwas vorgemacht wurde, nur um Konflikten aus dem Weg zu gehen, kann um so heftiger reagieren. Wenn eine Mutter sich abends mit ihrem Freund verabredet hat und weiß, daß ihre Kinder eifersüchtig darauf reagieren könnten, so ist es für sie relativ einfach zu behaupten, sie träfe sich mit ihrer Freundin oder ginge zum Badminton-Training. Tut sie dies jedoch häufiger, rutscht sie in ein Lügengeflecht hinein, das eine ziemlich wackelige Basis für die ernsthafte Gründung einer neuen Stieffamilie darstellt. Auch Kinder müssen lernen zu akzeptieren, daß der neue Mann im Leben der Mutter eine so große Rolle spielt, daß sie den Wunsch verspürt, ihn von Zeit zu Zeit sehen.

Entscheidend ist, ob eine Lüge nur konfliktvermeidend ist und dafür sorgen soll, daß die Erwachsenen in keinem schlechten Licht dastehen, oder ob sie den Kindern hilft, mit einer plötzlich und radikal veränderten Situation besser klarzukommen, die ihre Gefühlswelt anfangs vielleicht überfordern könnte.

Vaterbild ohne Muster

Ein Vater stößt auf andere Probleme als ein Stiefvater, eine Mutter macht mit ihren Kindern andere Erfahrungen als eine Stiefmutter, und auch die Großeltern füllen innerhalb der Familie wieder andere Rollen aus. All diese Rollen kann man nicht in Schwierigkeitsgrade einteilen. Auch jeder Vater ist anders als ein anderer. Um zu dieser Erkenntnis zu gelangen, braucht man nur über den Tellerrand des persönlichen Vaterbildes zu blicken. Wir brauchen nur den Fernseher einzuschalten, und schon sehen wir auf mindestens fünf verschiedenen Kanälen fünf verschiedene Familienserien. Wir brauchen nur aus einem Märchenbuch vorzulesen, und die Kinder werden den Fischer als bescheiden abhaken, den König als klug oder mächtig, den Fremden als allwissend, den Schneider als faul und den Bäcker als fleißig. Schublade auf, Bäcker rein, Schublade zu. All diese Märchenfiguren sind für Kinder aber vor allem eines, nämlich Väter.

Ein Vater berichtete, sein Vater habe ihm und seinen Brüdern allmorgendlich eine Tracht Prügel verabreicht – schon vor dem Frühstück –, als Vorausgabe für die Sünden des kommenden Tages sozusagen. Wir lesen in Biografien berühmter Persönlichkeiten von egozentrischen Vätern, in deren Familien die Kinder sich nicht mucksen durften, um die Genialität des Künstler-Vaters nicht zu stören. Wir lesen Krimis von Vätern, die gemordet haben, wir hören von Vätern, die sich zu Tode gesoffen haben, und von Heldenvätern, die anderen das Leben retteten. Väter sind unterschiedlich. Das weiß jedes Kind. Aber wie sind Stiefväter? Sie tauchen nur spärlich in den allabendlichen Sitcoms auf, sie begegnen uns auch nicht in Comics oder Märchenbüchern, wie beispielsweise Stiefmütter, die dort fast immer böse sind und sich so in den Köpfen der kleinen Märchenleser als negativ besetzte Geschöpfe manifestieren.

Den wohl berühmtesten Stiefvater, König Claudius, finden wir in Shakespeares Tragödie *Hamlet*. Aber wer kennt heute noch *Hamlet*? Wer liest seinen Kindern Shakespeare vor? Und im *Hamlet* steht der Stiefsohn letztlich ja auch als tragischer Held in der Stieffamilie da, denn Hamlet vergiftet Mutter, Stiefvater – »So tu denn, Gift, dein Werk (Er ersticht den König)« – und zuletzt sich selbst. Auch kann man diese Tragödie wohl kaum eins zu eins in die heutige Zeit übersetzen.

Und andere Stiefväter tauchen nicht auf, weder in Theaterstücken noch in der klassischen Literatur. Die Rolle eines Stiefvaters ist gesellschaftlich also weit weniger präsent, als die eines Vaters.

Wenn jedes Kind weiß, daß Väter unterschiedlich sind, heißt das eben noch lange nicht, daß sie wissen, wie Stiefväter sind. Die Rolle des Stiefvaters innerhalb einer Familie ist für Kinder kaum oder weit weniger definiert als die Rolle eines leiblichen Vaters.

Die Stieffamilie ist neu – und uralt

Zu Beginn einer Familiengründung sollten sich die Beteiligten natürlich nicht mit gegenseitigen Erwartungshaltungen und Forderungen erdrücken. Es ist allerdings für alle Beteiligten wichtig sich klarzumachen, was »Stieffamilie« für sie persönlich bedeutet, welche Hoffnungen damit verbunden sind, was realistisch möglich ist und wie jeder dort seine Rolle einnehmen und ausfüllen kann. »Was eine Familie ist, ist nicht so einfach zu bestimmen«, schreibt Robert Hettlage, Autor des Buches *Familienreport.* »Vielmehr muß man von einem komplizierten, die Generationen übergreifenden, kumulativen und ungeplanten Prozeß des Aufbaus von Regelungen ausgehen . . .«[2] Genau das aber, ein generationenübergreifender Prozeß, der hilft, gewachsene Rollen zu übernehmen oder weiterzuentwickeln, ist bei der Stieffamilie noch nicht vorhanden – weil sie als relevantes und anerkanntes Familienmodell noch nicht einmal 30 Jahre alt ist.

»Die Familienformen der Gegenwart sind diffus und schwer zu ordnen«, schreibt die bekannte deutsche Ethnologin Ingeborg Weber-Kellermann in ihrem Buch *Die deutsche Familie.* »Erst spätere Generationen werden verstehen, in welch großem geistigen Umbruch sich in den sechziger, siebziger und achtziger Jahren unseres Jahrhunderts die Familie als kleinste menschliche Einheit befunden hat – einem mindestens ebenso entscheidenden Wandel wie einst nach der Französischen und der industriellen Revolution um 1800.«[3]

Das Beziehungssystem »Familie« in den verschiedenen historischen Epochen war nie nur durch die Verwandtschaft und die Abstammung, sondern mindestens ebenso durch die wirtschaftlichen Bedingungen geprägt. Diese wiederum waren natürlich durch gesamtgesellschaftliche Strukturen geformt, und formten diese ihrerseits.

Verwandtschaft als biologisches System der Blutsbeziehungen, so der französische Anthropologe Levi-Strauss, wird im Verlauf der menschlichen Geschichte zur Verwandtschaft als sozialem System der Bündnisse von Familienmitgliedern zueinander und zu ihrer Umwelt.

In ihren zahlreichen Funktionen für Arbeit, Wirtschaft, Recht und Kultur – als Erziehungsinstanz und Sozialisationsstätte – ist Familie nicht in erster Linie eine biologische, sondern eine geschichtlich und gesellschaftlich bestimmte Sozialform. Historisch betrachtet bestand innerhalb der Geschichte familiären Zusammenlebens der größte Bruch in der Ablösung der Großfamilie als wirtschaftlicher Gemeinschaft durch die bürgerliche Kleinfamilie, die im 19. Jahrhundert aufkam. Diese entstand im Zusammenhang der Industrialisierung durch die Trennung von Wohnplatz und Arbeitsplatz. Die Kleinfamilie lebte von ihrer Intimität nach innen und ihrer Abschirmung nach außen. Die Struktur verlief ungestört patriarchalisch, der Ehemann und Vater stellte das einzige Bindeglied zur Außenwelt her. So war die Isolation der Frau ein Hauptmerkmal der Kleinfamilie. Zwar ist dieses Modell durch beide Weltkriege und der mit ihnen verbundenen Arbeitstätigkeit der Frauen ins Wanken geraten, konnte sich aber nach dem Zweiten Weltkrieg noch einmal stabilisieren. Wieder galt es geradezu als eine Frage des bürgerlichen Stolzes und des wirtschaftlichen Erfolges, daß die Frau nicht arbeiten mußte.

Es wird deutlich, daß die Kleinfamilie sich also weniger durch ihren Umgang mit Kindern charakterisieren läßt, als vielmehr durch die geschlechterspezifische Rollenverteilung. Der Ausbruch der Frauen aus den vorgegebenen weiblichen Rollenmustern ist wohl auch die größte Bedrohung der bürgerlichen Kleinfamilie, die seit den sechziger Jahren in den westlichen Industrienationen als Sozialform in Frage gestellt wird – und zunehmend bröckelt.

Seit den siebziger Jahren hat sowohl die Anzahl der Einelternfamilien als auch die der Stieffamilien zugenommen. Dies hängt natürlich mit gesamtgesellschaftlichen Veränderungen zusammen, der unmittelbar entscheidende Grund ist aber der Anstieg der Scheidungsrate. Leichter als früher – wenn auch immer noch schwerlich genug – kann sich eine Einelternfamilie finanziell über Wasser halten. Und: leichter als früher wird auch ein zweites Mal geheiratet. Und das bedeutet eben häufig die Gründung einer Stieffamilie. Dabei ist es interessant hervorzuheben, daß alle bisher erwähnten Familienformen keineswegs völlig neuartige Lebensformen sind: Es gab immer schon Mutter- und auch Vaterfamilien; die Adoptions-, Pflege- und Stieffamilien waren sogar in den vorigen Jahrhunderten verbreiteter als heute.

»Der quantitative Anteil dieser genannten Familienformen«, so analysiert die Soziologin Rosemarie Nave-Herz in ihrem Buch *Familie heute. Wandel der Familienstrukturen und Folgen für die Erziehung*, »ging erst Ende des vorigen Jahrhunderts stetig zurück.«[4]

Das Modell also, welches wir heute so gerne die traditionelle Elternfamilie nennen, hatte seinen größten Verbreitungsgrad eigentlich nur in den fünfziger und sechziger Jahren unseres Jahrhunderts. Danach stiegen die anderen Familienformen wieder stetig an, und mit ihnen auch die öffentliche Akzeptanz anderer familiärer Formen. Stieffamilien sind also einerseits als gesellschaftlich akzeptierte Sozialform des Zusammenlebens relativ neu, andererseits als gelebtes Modell uralt. Das mag diejenigen trösten, die sich mit den eben immer noch häufig anzutreffenden Vorurteilen gegenüber Stieffamilien als Familien zweiter Klasse tagtäglich konfrontiert sehen. Dennoch ist die Entwicklung des Modells Stieffamilie immer noch Pionierarbeit. Zwar ist die Fixierung auf die Kernfamilie als einziges akzeptables Modell nicht mehr wie vor 30 oder 40 Jahren vorhanden oder zumindestens deutlich gelockert, nun aber folgt die Zeit der Gestaltung. Und wie immer, wenn es etwas Neues zu gestalten gibt, ist der Erfolg davon abhängig, ob man sich von falschen Vorstellungen und Ängsten leiten läßt oder ob man sich neugierig, überlegt und zuversichtlich darauf zubewegt.

Anlaufzeit

Für den Idealfall der Familiengründung raten Psychologen zu einer Vorlaufzeit. Das heißt, die Beteiligten bleiben zunächst in ihrem familiären Umfeld oder suchen sich erst einmal ein neues Umfeld, das es ihnen ermöglicht, sich nach und nach annähern zu können. Zu Beginn machen die zukünftigen Stieffamilienmitglieder vielleicht einen gemeinsamen Spaziergang oder gehen zusammen essen, sie verabreden sich zu einem Adventsnachmittag oder besuchen gemeinsam eine Kirmes.

Viele Stieffamilien können sich den Luxus »Idealfall« jedoch nicht leisten, in normalverdienenden Familien kommt es daher häufig zu einem schnellen Stieffamilienzusammenschluß. Zwei Wohnungen sind nun mal teurer als eine, das Ideal scheitert an den Finanzen. Aber auch finanziell bessergestellten Familien ist es häufig nicht möglich, den optimalen Rahmen für das Konstrukt Stieffamilie zu schaffen. Dafür gibt es viele Gründe: den Kampf der Expartner um Haus und Hof, den Streit um das Sorgerecht, Wohnungsnot, psychische Probleme oder beispielsweise Organisationsprobleme im Alltag.

Wieder andere Familien schlittern unbedarft in die neue Lebenssituation hinein. Sie haben endlich einen Partner gefunden, mit dem sie sich ein gemeinsames Leben vorstellen können, und möchten nicht mehr warten, sondern ihr neues Glück sofort und in vollen Zügen genießen. Sie denken sich voller Tatendrang, Euphorie und Optimismus: »Es wird schon klappen.« Böse Zungen sprechen von Scheuklappenfamilien.

Netter gesagt: Diese Familien unterschätzen ihre neue Lebenssituation. Was nicht heißen soll, daß es zwangsläufig schiefgehen muß. Familien, die die Mittel haben, langsam in die neue Situation hineinzuwachsen, sind jedoch in der Regel stabiler.
Schließt sich eine Stieffamilie nun aber, allen Unkenrufen zum Trotz oder auch ganz naiv, zügig zusammen, sollte sie zumindest im Alltag Schritt für Schritt vorgehen. Familien, die von heute auf morgen ihre Siebensachen zusammentun, sollten nach Nischen suchen, in die sich jeder einzelne zeitweise zurückziehen kann, und darüber hinaus ohne Hetze zu familiären Ritualen übergehen. Sie sollten auch darauf achten, daß kein Familienmitglied durchs familiäre Netz fällt. Gerade zu Beginn ist es wichtig, sich Zeit zu nehmen. Will eine Stieffamilie alles, und das auf einmal, sind die Chancen glücklich zu werden sehr gering. Die sozialen Bindungen müssen sensibel ausbalanciert werden, und das liegt nun einmal in der Verantwortung der Erwachsenen. Bei einem Fehlstart könnten die Kinder sich schon von Beginn an übergangen oder gar überrumpelt fühlen.
Eine Mutter berichtete, der neue Stiefvater habe in ihrer großzügigen Wohnung das Gästezimmer bezogen. Zum einen, um nicht gleich mit der Tür ins Haus zu fallen, zum anderen, weil er es angenehm fand, weiterhin seinen eigenen privaten Bereich zu haben. Die Kinder gewöhnten sich relativ schnell an das neue Familienmitglied, und sie bezogen den neuen Mitbewohner Stück für Stück in ihr Leben ein. Wer keine Zimmer mehr hat, kann mit Raumteilern arbeiten oder, wenn auch das nicht möglich ist, Rückzugsmöglichkeiten für sich in Anspruch nehmen. Das gilt übrigens für alle Stieffamilienmitglieder, auch für Kinder: »Ich habe nicht mal ein eigenes Regal bei meinem Vater und seiner neuen Freundin«, klagt ein 15jähriger. »Ich kann mich, wenn ich an den Wochenenden dort bin, nicht beschäftigen, mir fehlen kleine private Dinge. Ich würde mich ja schon mit einem kleinen

ausklappbaren Sessel begnügen, um dort mal in Ruhe einen Comic zu lesen.«

Und wenn die vier Wände auch noch so eng sind, in einer Stieffamilie sollte keiner das Gefühl haben müssen, nur zu Besuch zu sein oder übervorteilt zu werden. Gerade Kinder haben einen ausgeprägten Gerechtigkeitssinn. Zur Not müssen die Räumlichkeiten oder die Nische reihum vergeben werden.

Da Kinder in Stieffamilien in den meisten Fällen sowieso vor vollendete Tatsachen gestellt werden (es gibt wenige Mütter, die ihre Kinder fragen, ob sie mit xy in Zukunft zusammenleben möchten), sollte man nicht von Beginn an für negative Barrieren sorgen. Einem 15jährigen kann man durchaus ein Mitspracherecht einräumen, was die familiäre Lebensform anbelangt. In diesem Fall ist zumindest eine Diskussionsgrundlage vorhanden: Wie gestaltet man das Zusammenleben? Welche individuellen Bedürfnisse haben die Beteiligten? Wie kann man sie miteinander in Einklang bringen? In bestimmten Dingen sollte man auch kleinen Kindern unbedingt ein Mitspracherecht einräumen. Welche Wandfarbe mögen sie bei der Einrichtung der gemeinsamen Wohnung? Wie gestaltet man den gemeinsamen Nachmittag? Auf diesem Weg werden die Kinder in die neue Lebensform einbezogen und sie tragen sie mit. Letztlich liegt die Entscheidung, ob Stieffamilie oder nicht, dann aber bei den Erwachsenen, also dem Paar. Sie tragen die Verantwortung und sind zumeist der entscheidende Faktor für das Gelingen der neuen Familie.

Geschwindigkeitsübertretungen

Noch heute macht Sabrina sich Vorwürfe, daß sie ihren Kindern so schnell den neuen Freund präsentierte. Sie fühlte sich damals so ausgezehrt und sehnte sich nach einer starken Schulter. »Thorsten war so lieb zu den Kindern, und sie gierten förmlich nach einem Vaterersatz.«

Als sie Thorsten kennenlernte, lebte Sabrina mit ihren beiden Kindern schon über zwei Jahre allein. Der Vater war in sein Heimatland nach Chile zurückgekehrt. Einmal im Jahr flogen die Kinder in den Sommerferien nach Südamerika, besuchten Vater und Großeltern, und den Rest des Jahres stand Sabrina allein mit allen Problemen da: Sie studierte Psychologie im sechsten Semester, die Alimente kamen unregelmäßig, und ihre Eltern interessierten sich nicht für ihre Enkel. Bis Sabrina Thorsten kennenlernte. Ihre Kinder, Felicia (10) und Sascha (9), stürzten sich geradezu auf ihn, er ging mit ihnen Pizza essen und in den Zoo, er kaufte Felicia eine CD von der Kelly Family, ließ mit Sascha Drachen steigen, las Gute-Nacht-Geschichten und tollte mit den Kindern herum. Jedesmal, wenn er gehen wollte, machten die Kinder eine Szene und bettelten, er möge bleiben. Kurzum, nach knapp zwei Monaten zog Thorsten zu Sabrina, kaum weitere zehn Monate, da zog er auch schon wieder aus. Alles war gründlich schiefgelaufen.
Anfangs war Sabrina geradezu euphorisch gewesen, weil ihre Kinder Thorsten mochten und umgekehrt, sie genoß es, endlich einmal wieder in Ruhe ein Buch lesen zu können und die Kinder Thorsten zu überlassen. Wer allein Kinder erzieht, weiß, was es bedeutet, sich niemals anlehnen zu können, alle Entscheidungen allein treffen zu müssen, sich mit einem ewig schlechten Gewissen herumzuplagen, den Kindern keine »richtige« Familie bieten und sich finanziell kaum etwas leisten zu können. Sabrina hatte plötzlich das Gefühl, sie könne Berge versetzen. Alles schien bestens. Sie zahlte statt der 900 Mark Miete monatlich nur noch 450 Mark, Thorsten kaufte oft ein, kochte und strotzte vor Vitalität. Es ging alles so schnell, daß die Seelen der Beteiligten nicht folgen konnten.
»Thorsten fiel mit der Tür ins Haus. Er spielte sich einfach viel zu sehr als Vater auf, werkelte hier und änderte dort etwas, kritisierte Saschas Frisur, schleppte ihn gegen seinen Willen zum Friseur, mäkelte an seinen Schularbeiten herum, führte neue Ins-Bett-Geh-Zeiten ein, verbat Felicia, ohne es ihr zu

begründen, eine Freundin mit nach Hause zu bringen – einfach weil er von Zeit zu Zeit seine Ruhe haben wollte –, und schimpfte ganz offen über ihre Lehrerin. Es dauerte kaum ein paar Wochen, da hatte er sich bei den Kindern richtiggehend unbeliebt gemacht. Sascha zog sich in sein Schneckenhaus zurück, wurde immer blasser und unsicherer und begann im Alter von neun Jahren wieder ins Bett zu pinkeln.«

Auch Felicia machte aus ihrer Eifersucht keinen Hehl, sie quetschte sich nachts zwischen Sabrina und Thorsten ins Bett, deckte den Tisch nur noch für drei, und immer, wenn Thorsten ihr etwas sagen wollte, begann sie furienartig zu kreischen. Es gab kaum mehr einen Tag, an dem Sabrina und Thorsten nicht stritten, die Auseinandersetzungen wurden immer heftiger, die Kinder immer unruhiger, und Thorsten begann immer häufiger, abends wegzugehen und immer später nach Hause zu kommen. Sabrina trennte sich von Thorsten und schwor sich, ihren Kindern nie wieder einen »neuen Vater« zu präsentieren.

Durch das schnelle Aufeinanderprallen verschiedenster Bedürfnisse waren alle Stieffamilienmitglieder vom ersten Tag des Zusammenlebens an überfordert. Felicia und Sascha wünschten sich ihren Vater zurück, Sabrina wünschte sich einen Mann, der sie im Alltag unterstützt, statt sofort seine eigenen Regeln einzuführen und erzieherische Maßstäbe zu setzen, und Thorsten hatte sich in eine Frau mit Kindern verliebt, ohne zu realisieren, was das für ihn bedeutete.

Alle vier hatten sich, jeder auf seine Weise, das gemeinsame Leben irgendwie anders vorgestellt. Durch das Zusammensein von heute auf morgen waren alle verunsichert. Für die Kinder verwandelte sich der nette neue Spielonkel in einen Rivalen, der ihnen die gewohnte Zuwendung der Mutter abspenstig machte. Sie begannen sogar, sich den leiblichen Vater zurückzuwünschen, und sie vermißten die Rituale aus den Jahren, als sie mit ihrer Mutter allein gelebt hatten. Sabrina fühlte sich zerrissen zwischen dem Mann, in den sie sich verliebt hatte, und ihren Kindern, denen sie doch eigentlich eine neue Familie schenken wollte. Thorsten, der es gewohnt war, nur auf sich selbst achtzugeben, wurde überwältigt vom Familienalltag. Mit seiner besonders gutgemeinten Ungeduld zerriß er das noch feine Band, das ihn mit den Kindern zuvor verbunden hatte.

Mitfahrgelegenheit

Für »werdende Stiefväter« wird es immer wieder Momente geben, die Wunden reißen, in denen sie das Gefühl haben, die Unzulänglichkeiten des Ex ausbügeln zu müssen, in denen sie gegen eine undurchdringbare Wand anzulaufen meinen, immer wieder an dieselben Grenzen stoßen, die unüberwindbar erscheinen. Sie werden sich auch immer wieder als leidiges Familienanhängsel fühlen, als nicht dazugehörig. Wer solche grundlegenden Gefühlszustände ignoriert oder mit wildem Aktionismus zu überspielen versucht, riskiert langfristig die eigene Integration in das Familiengefüge.

Die Bedürfnisse von Stiefelternteilen werden innerhalb der Familien häufig hinten angestellt, ihre seelische Belastung wird von allen Beteiligten geringer eingestuft als sie de facto ist. Naturgemäß achten sowohl Mütter wie auch Stiefväter vor allem darauf, daß die Kinder mit der neuen Situation klarkommen. Sie sind nun mal das schwächste Glied in der Kette, diejenigen, die selten mitbestimmen, wann der neue Freund ihrer Mutter offiziell zur Familie gehört und welche Rolle er einnimmt. Bis zu einem bestimmten Grad muß ein Stiefvater also sein persönliches Glück selbst in die Hand nehmen – was nicht heißt, daß er auf die Unterstützung durch die Familie verzichten sollte. Ganz im Gegenteil. Es gibt genügend Situationen, in denen die Familienmitglieder relativ gleichberechtigt dastehen – das sind die Gelegenheiten, die eine Stieffamilie am Schopfe packen sollte.

Ein Stiefvater, der beim Mensch-ärgere-dich-nicht-Spielen

den Wunsch äußert, mit den blauen Figuren spielen zu wollen, fällt ja nicht gleich mit der Tür ins Haus. Ebensowenig wie ein Stiefvater, der darauf besteht, mal wieder beim Italiener essen zu gehen, auch wenn die Kinder wie immer Hamburger wollen. Das sind nur zwei kleine Beispiele für Gelegenheiten im Alltag, in denen er signalisieren kann: »Ich bin auch noch da.« Beispiele für ein sanftes Aufeinanderzugehen.

Oder denken wir zurück an Paulas Angewohnheit, immer neben der Mutter sitzen zu wollen. Sie degradierte Nico damit zum Lückenbüßer, jedenfalls fühlte er sich so. Irgendwann hatte er die Nase voll und sie führten gemeinsam eine Sitzordnung ein. Seither übergeht Paula Nico in dieser Hinsicht nicht mehr. So banal es klingen mag, aber mit dieser »Platzfindung« hat die Stieffamilie auch ein bißchen mehr zu sich selbst gefunden. Hätte Nico sich gleich am ersten Tag »seinen« Platz gesichert, hätte sich Paula vielleicht zu sehr bevormundet oder gar unterdrückt gefühlt. Mit ihrer Lösung haben beide einen Sieg davongetragen.

Gerade in den kleinen Dingen, die niemand zuvor als besonders wichtig eingestuft hatte, können sich Verhaltens- und Rollenmuster einschleichen, welche zu großen Problemen anwachsen können. Sobald ein Stiefvater merkt, daß ihm etwas nicht behagt, daß er nicht berücksichtigt wird, daß man ihn nicht fragt und über seinen Kopf hinweg Entscheidungen trifft, die ihm nicht gefallen, sollte er sich dagegen verwahren und seinem Unmut darüber auch Luft machen. Permanentes Zurückstecken ist genauso ungünstig für die Entwicklung der Beziehungen zu den Kindern wie ständiges Auf-den-Tisch-Hauen.

Stiefväterliche Phantasie bei der Lösung »kleiner Probleme« ist gefragt. Dabei sind Stiefväter auf die Rückendeckung und Unterstützung ihrer Partnerinnen angewiesen. Schließlich kennt sie sich besser in der Psyche ihrer Kinder aus, ist trainierter darin, die seelischen Nöte hinter den täglichen Kämpfen ums Zubettgehen oder den Platz am Eßtisch zu sehen.

Der Blick zurück

»Hätte ich doch besser hingesehen«, sagt Sabrina heute. »Es gab genügend Anzeichen für handfeste Probleme. Aber ich war wohl auch geblendet. Ich wollte endlich eine heile Welt, für mich und die Kinder. Ich hätte viel eher mit Thorsten sprechen müssen, wir hätten die Aufgaben verteilen sollen, uns Zeit für uns und mit den Kindern nehmen sollen. Aber Thorsten war eben auch nicht bereit, meine Hilfe anzunehmen, meinte, alles selbst regeln zu müssen. Dabei wußte er sich im Grunde nicht zu helfen, japste wie ein Fisch auf dem Trokkenen nach Luft. Aus dieser Verzweiflung heraus ist er wahrscheinlich immer mehr in die Rolle des autoritären Vaters gerutscht, des Mannes, der das Geld nach Hause bringt, der die Hosen anhat, der immer weiß, was zu tun ist. Richtig spießig. Leider entpuppte sich das schnell als Sackgasse. Von dem liebevollen Kinder-Kumpel blieb fast nur noch der böse Vater aus einem altertümlichen Trauerspiel übrig. Es war wirklich eine Tragödie. Heute denke ich auch, ich habe Fehler gemacht. Ich hätte mir ein Urlaubssemester gönnen sollen, und wir hätten viel mehr Zeit für uns allein aufbringen müssen, ins Kino gehen oder zu Freunden oder einfach nur auf eine Pizza weggehen.

Ich kann mir bis heute nicht erklären, wie man so blind gegenüber offensichtlichen Problemen sein kann. Ich ließ einfach alles laufen, bis zu dem Tag, an dem Felicia mir sagte, daß sie, wenn ich weiter mit diesem Mann zusammenleben wollte, mit dem ich noch mehr streite als mit ihrem Vater, entweder als blinder Passagier nach Chile reisen würde oder sich umbringen. Am selben Abend klagte Sascha, wie so oft in letzter Zeit, über Magenbeschwerden. Thorsten und ich hatten uns heftig gestritten, er hatte die Wohnung brüllend verlassen. Als er am nächsten Tag anrief, bat ich ihn auszuziehen. Zwei Tage später, als ich und die Kinder nach Hause kamen, hatte er all seine Sachen aus der Wohnung geschafft. Wir haben uns seitdem nie wieder gesehen. Das liegt jetzt zwei Jahre zurück. Felicia ist inzwischen zwölf, Sascha elf, und wir leben ganz glücklich ohne Mann. Meinen neuen Freund treffe ich heimlich. Ich habe ihn meinen Kindern bisher nicht vorgestellt – obwohl wir seit über einem Jahr eine Beziehung haben –, und ich weiß auch nicht, ob ich jemals den Mut dazu aufbringen werde.«

Rollensuche

Stiefeltern sollten sich auf gar keinen Fall von Beginn an in eine Elternrolle hineindrängen lassen. Sie können nur scheitern. Die Erwartungen werden sie erdrücken, zumal sie womöglich noch nicht einmal wissen, wie es sich anfühlt, ein Elternteil zu sein.

Menschliche Beziehungen müssen wachsen, der Grundstein für Vertrauen, Akzeptanz und Toleranz muß gelegt werden. Auch zwischen leiblichen Eltern und Kindern. Nur emotionale Bindungen ermöglichen ein verständnisvolles Miteinander. Wie man einem guten Freund, den man lange kennt, mit dem man schon viele schöne (vielleicht auch traurige) Stunden verbracht hat, der einem vertraut ist, Kritik viel eher verzeiht als einem Fremden. Natürlich kann es sein, daß dessen Kritik sehr viel verletzender ist. Aber man läßt sie in der Regel zu und nimmt sie sich zu Herzen. Einem fremden, nicht so vertrauten Menschen würde man doch viel eher den Rücken kehren oder ihn mit Mißachtung strafen.

Kein Mensch setzt sich gern Kritik aus, aber Kritik von Fremden? Nein danke. So in etwa muß es sich für Kinder anfühlen, wenn Stiefväter von Beginn an autoritär auftreten. Sie reagieren darauf mit Trotz und Ablehnung. Zu Recht. Denn sie kennen den Menschen, der ihnen sagt, was sie zu tun und zu lassen haben, ja noch gar nicht, und sie haben noch keine Erfahrung gemacht, ob dieser Mensch ihnen Gutes oder Böses will. Sie sind seiner Freundschaft oder Liebe nicht sicher. Erwartet man von Stiefeltern zu früh zuviel Verantwortung, fühlen sie sich überfordert, und die Kinder fühlen sich überrumpelt.

Nico ist seit etwa zwei Jahren Stiefvater. Zuvor hat er lange Zeit als Junggeselle gelebt und muß erst wieder lernen, sich auf die Bedürfnisse anderer Menschen in seinem privaten Lebensraum einzustellen. Nico hat keine leiblichen Kinder und kann nicht auf Erfahrungen in der Kindererziehung zurückgreifen. Zudem ist seine Position in der Familie nicht klar umrissen. Er ist zwar der Mann an der Seite der Mutter, nicht aber der Vater der Kinder, denn der leibliche Vater kümmert sich um Paula und Ole und ist in deren Leben sehr präsent.
Der frischgebackene Stiefvater sucht nach einer Nische für sich, nach einer Rolle, die in einer herkömmlichen Familie nicht vorgesehen ist. Das Familienkonstrukt hat er sich wie in einer gut funktionierenden Wohngemeinschaft ausgemalt, jedoch relativ schnell feststellen müssen, daß das mit so kleinen Kindern nicht lebbar ist. Nico lehnt Hierarchien und Autoritäten ab, weiß aber auf der anderen Seite, daß er sich dennoch Respekt verschaffen muß, da er sonst in der Familie untergeht. Nico beschreibt seine Rollenfindung als einen Kampf, in dem es – wie er findet – bedauerlicherweise immer wieder vorrangig darum geht, sich zu behaupten. Er wünscht sich sein Vorgehen so sensibel wie möglich, möchte Paula und Ole nicht unterdrücken und in ihren Bedürfnissen einschränken, möchte aber eben auch nicht auf Dauer nur ein mehr oder weniger geduldetes Mitglied in einer eingeschworenen Gemeinschaft bleiben. Dieser Stiefvater schwankt zwischen großer Bruder, Vaterersatz und Freund hin und her, sehnt sich aber ebenso selbstverständlich wie alle anderen Stieffamilienmitglieder danach, eine feste Position einzunehmen.

Wie ein Vater?

»Die Vaterrolle ist in dieser Familie schon besetzt«, sagt der Familientherapeut Hans Dusolt. Für diesen Stiefvater ist es also wirklich schwierig, eine Rolle für sich zu finden. »Dennoch«, so Dusolt, »sollte die Generationsgrenze gewahrt bleiben.« Die Rolle des großen Bruders kommt für Nico also auch nicht in Frage. Wie aber soll dieser Stiefvater, der ja kein Vater ist, sich selbst definieren? »Das eben ist der Knackpunkt«, sagt Dusolt. »Es ist hart, viele Stiefeltern kommen mit diesem Problem in meine Praxis. Stiefeltern in ähnlichen Familienkonstellationen können noch so engagiert handeln, sie sind eben weder Vater noch Mutter. Diese Realität muß anerkannt werden. Ich finde die Begriffe *väterlicher Freund* oder *mütterliche Freundin* treffend.« Ein Stiefvater, der dennoch partout Vater sein will, wird also wenig Schönes an seiner Rolle finden können und wohl allerhöchstens als schlechtes Double fungieren.

Es ist eine undankbare Situation, denn so viel man auch macht und tut und investiert, eine Vaterrolle wird man sich nie erarbeiten. Aber es ist auch eine Situation, die Freiräume läßt, die eben, weil sie nicht vorgezeichnet ist, die Möglichkeit zu allem Erdenklichen bietet.

Zu Beginn gibt es die Chance, ein »väterlicher Freund« zu werden, und die sollten Sie am Schopfe packen.

Zuerst einmal muß die Basis gegenseitigen Vertrauens geschaffen werden. Kleine Ausflüge bieten sich an, ein Gesellschaftsspiel, ein Schwimmbadbesuch, vielleicht auch kleine Geschenke. Stiefväter sollten aber auf keinen Fall versuchen, sich die Liebe ihres Stiefkindes zu erkaufen! Wichtig ist auch, Regelmäßigkeit in die Abläufe des gemeinsamen Miteinanders zu bringen.

Es wäre zum Beispiel gut, wenn Stiefväter ihren Tagesablauf so einrichten, daß sie mit der Familie gemeinsam eine Mahlzeit am Tag einnehmen. Wenn sie diese nicht einhalten können, sollten sie zu Hause anrufen und der Familie ihr Wegbleiben mitteilen. Ebenso wichtig wie die Kontaktpflege zwischen einzelnen Familienmitgliedern ist es auch, als Familie gemeinsame Unternehmungen zu machen. Klinken Stiefväter sich ständig aus, könnten die Kinder denken, sie hätten kein Interesse an ihnen. Gehen Stiefeltern allerdings unentwegt auf die Kinder zu und stecken dabei ihre eigenen Interessen immer wieder zurück, ist das ebenso verkehrt, denn die Kinder fühlen sich in die Enge getrieben oder bekommen leicht das Gefühl, ihren Stiefeltern auf der Nase herumzutanzen zu können. Es muß ein goldener Mittelweg gefunden werden, und das ist nicht immer leicht. Zu Beginn sollte die Mutter die für die Familie wichtigen Entscheidungen für die Kinder treffen, denn sie kennt sich mit den Kindern besser aus. Erst nach und nach sollten Stiefväter, immer nach Absprache mit ihr, vorsichtig erste Kritik anbringen. Gehen Sie behutsam vor, denn als Stiefeltern kennen Sie die Kinder noch nicht gut genug, das Vertrauen muß erst noch weiter aufgebaut werden, und es besteht die Gefahr, die Kampfeslust der Kinder zu wecken, zumal es bei mangelnden Absprachen allzuleicht passieren kann, daß sich das Paar gegenseitig »in den Rücken fällt«.

Wir haben einen Stiefvater gesprochen, der innerhalb von drei Jahren ein so tiefes Vertrauensverhältnis zu seinem Stiefsohn aufgebaut hat, daß die Mutter nur staunen konnte. Bei einer Geburtstagsparty diskutierte die Großfamilie (Mutter, Stiefvater, Vater, Stiefmutter und diverse Großeltern samt Stiefgroßeltern) über das Seelenleben des verschlossenen Jungen. Sie rätselten und psychologisierten, und immer war es der Stiefvater, der das Stichwort lieferte. Irgendwann blickten ihn alle verdutzt an, und es stellte sich heraus, daß der Junge seinen Stiefvater als die Person seines Vertrauens auserkoren hatte, nicht die Mutter, nicht den leiblichen Vater. Dieser Junge, er ist inzwischen zwölf Jahre alt, sagt, er sei froh, vier Eltern zu haben, und er würde sie alle lieben. Eine Geschichte wie aus dem Märchen? Vielleicht. Es ist zumindest nicht die Norm.

Die meisten Stiefväter, die wir trafen, haben es jedoch alle geschafft, eine Beziehung zu ihren Stiefkindern aufzubauen. Diese Beziehungen sind alle anders, manche sind nach Jahren noch problematisch, andere einigermaßen unkompliziert, wieder andere sehr harmonisch.

Erwartungshaltungen: Pflichtfach Liebe?

Gerade über das Thema »Erwartungen« haben wir mit vielen Stieffamilien besonders hitzig und ausgiebig diskutiert. Vor allem ein Konflikt kristallisierte sich heraus, in dem fast alle Stiefväter steckten.

Nico formulierte es so: »Es ist egal, was ich tue, wenn ich mich in die Erziehung einmische, ist es verkehrt, wenn ich mich heraushalte, ist es auch verkehrt.«

Und auf die Frage: »Was habe ich eigentlich erwartet?« lautet seine Antwort: »Ich weiß es nicht.«

Denken wir an Sabrina zurück. Sie hatte »das Beste gehofft«. Was das Beste war, hatte sie im Kopf, eine »heile Familie«, nur hatte sie ihre Erwartungen vorher nicht definiert. Wie auch? Woran hätte sie sich orientieren sollen? An der alten Kernfamilie? An der Einelternfamilie? An der Familie ihrer Kindheit? Sabrina sagt, sie habe sich zu Anfang eine Art liebevolle Zweckgemeinschaft gewünscht.

Eltern werden von ihren Kindern geliebt und vor allem in frühen Kindertagen selten hinterfragt. Stiefeltern hingegen werden nicht immer mit offenen Armen empfangen. Es gibt viele Rollen, die ihnen von ihren Stiefkindern zugedacht werden, das reicht schlimmstenfalls von der bösen Stiefmutter aus dem Märchen über den Trottel, der sowieso alles für einen macht, bis hin zum geduldeten Mitbewohner. Das muß aber nicht so sein. Trotz aller denkbaren oder tatsächlichen Unwägbarkeiten oder Widrigkeiten und vorurteilsbeladenen Kindern haben Stiefeltern es letztendlich doch in der Hand, ihre Funktion innerhalb der neuen Familie weitestgehend selbst zu gestalten. Unrealistische oder gar überladene Erwartungshaltungen führen auf lange Sicht garantiert ins Dilemma. Je realistischer Stiefeltern ihre Situation einschätzen, desto mehr Handhabe, Spielraum, Akzeptanz und desto mehr Entwicklungsmöglichkeiten haben sie. Man darf nicht vergessen, daß alle anderen Familienmitglieder ebenfalls Erwartungshal-

tungen mit in die neue Gemeinschaft hineintragen und daß diese Erwartungen sehr unterschiedlich sein können.
Aber auch ein Stiefvater, der sich vornimmt, wenig Vorsätze zu haben, wenig zu erwarten, und trotzdem die Bereitschaft hat, etwas zu geben, kann durchaus nach kürzester Zeit das Gefühl haben, gegen Gummiwände anzulaufen.
Nico: »Ich lebe nun seit über zwei Jahren in dieser Stieffamilie. Ich arbeite über zwölf Stunden täglich, sonst würde das Geld nicht reichen. Ich spiele am Wochenende ›Schweinsgalopp‹ oder ›Monopoly‹, zimmere Hochbetten, gehe ins Schwimmbad, mit dem Ergebnis, drei Stunden lang am Beckenrand zu schwitzen, um die Kinder im Notfall vor dem Ertrinken zu retten, und ich selbst habe nicht eine kühle Bahn ziehen können. Ich habe meinen Sommerurlaub – ich liebe es zu reisen – in einem Club-Hotel mit Animation verbracht, bei Neckermann und Konsorten, statt in Alaskas Einöde Bären zu beobachten, und ich weiß nicht mehr, wann ich das letzte Mal meiner Leidenschaft, lange zu schlafen, nachgehen konnte. Manchmal habe ich schlichtweg die Nase voll. Ich bin in dieser Familie immer noch und immer wieder der Blödmann. Ich will ja gar nicht den Vater geben oder ersetzen, ich brauch auch keine täglichen Streicheleinheiten, ich will nur ein bißchen mehr Anerkennung.«
Aber wie? Das klappt auch wieder nur über den Aufbau von Beziehungen. Nach dem Motto: »Nenn mich einfach Papi« klappt es jedenfalls nicht. Stiefeltern müssen gemeinsam mit ihren Partnern ein Gespür dafür entwickeln, welchen Schritt sie als nächsten wagen sollten. Das mag kompliziert klingen, ist es aber gar nicht, wenn das Paar sich regelmäßig mit den Problemen und den Fortschritten in der neuen Familie auseinandersetzt und darüber spricht.
Auch wenn Stiefeltern nicht das Gefühl haben, geliebt zu werden, sollten sie fair bleiben. Machtkämpfe sind Gift und verseuchen das Familienklima. Es ist besser, sich einen kleinen Schritt zurückzubewegen, als in blinder Aktionswut vorzupre-

schen. Genau wie Erwachsene haben Kinder durchaus Angewohnheiten, die Stiefeltern befremdend finden mögen oder sogar unausstehlich. Auch die Kinder können die Marotten von Erwachsenen als reichlich komisch empfinden. Jeder sollte dem anderen in der Stieffamilie seine kleinen Schwächen zugestehen, ob das nun eine Schwäche für Marmeladenbrot mit Ketchup oder die Leidenschaft ist, sich im Fernsehen Motorsport anzugucken. Zur Not müssen Kompromisse geschlossen werden. Und: Schlechte Nachrede ist für Kinder ein gefundenes Fressen. Auch wenn es noch so schwerfällt, sollten sich Stiefeltern lieber auf die Zunge beißen – Eltern übrigens auch –, als über den jeweils anderen oder den ehemaligen Partner, und somit Elternteil des Kindes, herzuziehen.

Der Ex ist nie hopp

Ein Exmann und Vater erzählt: Als wir uns trennten, wollte ich auswandern. Ich wollte alles, nur kein Wochenend-Papi sein, der jeden zweiten Samstag in Spendierhosen vorbeigerauscht kommt. Ich hätte meiner Frau nicht zugetraut, daß sie sich auch nur eine Handbreit von ihren Kindern trennt. Wir führten viele hitzige Gespräche, hatten mächtige Auseinandersetzungen, und sie war es letztendlich, die mir eine in meinen Augen praktikable Lösung unterbreitete. Wir wollten die Kinder trotz Trennung weiterhin gemeinsam erziehen, zu gleichen Teilen für die Kinder dasein. Zwischenzeitlich hatten wir sogar überlegt, noch weiterhin zusammenzuwohnen, nur um den Kindern gerecht zu werden. Als weitere Möglichkeit diskutierten wir, die Kinder zu trennen. Unser Sohn sollte die meiste Zeit bei mir leben und unsere Tochter bei meiner Frau. Das verwarfen wir wieder, wir dachten, es sei wichtig für die Kinder, wenn sie zusammenblieben, sich gegenseitig ein Stück Zuhause sind. Entschieden haben wir uns letztendlich für ein Woche-Woche-Modell. In der einen Woche leben die Kinder bei mir, in der anderen Woche bei meiner Exfrau.

Als der neue Freund meiner Exfrau die ersten Kontakte zu meinen Kindern hatte, fand ich das gruselig. Ich sah in ihm einen Konkurrenten, ich hatte auch Angst, daß er mir etwas wegnimmt. Und dann hörte ich tatsächlich andauernd Olli hier und Olli da. Es ging mir damals tierisch auf die Nerven. Ich denke, meiner Exfrau ging es ähnlich mit meiner Freundin.

Nach zweieinhalb Jahren sind wir fast so etwas wie eine

Muster-Stieffamilie oder, besser gesagt, zwei Muster-Stieffamilien. In der nächsten Woche haben wir ein gemeinsames Abendessen organisiert, um uns über die Kinder auszutauschen und gemeinsame Erziehungsentscheidungen zu treffen. Bei einer Zirkusaufführung der Kinder sind wir alle zusammen hingegangen, samt Großeltern. Hinterher haben wir noch in einem Café ein Eis gegessen.
Natürlich gibt es immer wieder Reibereien, der eine kritisiert, die Kinder würden bei dem anderen nur Spaghetti zu essen bekommen, kämen viel zu spät ins Bett und so weiter, und der andere wirft dem einen dann vor, er verwöhne und behüte die Kinder viel zu sehr.
Es gab auch Streitereien, unter denen unser Konstrukt zusammenzubrechen drohte. Aber im Grunde haben wir ein gemeinsames Interesse, nämlich, daß es unseren Kindern gutgeht. Daß die Meinungen da manchmal sehr auseinandergehen, wäre sicherlich auch ein Problem, würden wir noch zusammenleben. Zumindest gab es in unserer Ehe ständig Diskussionen über Kindererziehung. Wir können es nicht ändern. Ich habe gelernt, nicht mehr hinzugucken, wenn mir etwas gegen den Strich geht. Wenn man den anderen ständig kritisiert, kann dieses Modell nicht funktionieren.

Einen Ex, den leiblichen Vater der Kinder, wird man nicht los. Es sei denn, er kümmert sich nicht mehr um seine Kinder. Aber selbst dann lebt dieser Vater in den Köpfen seiner Sprößlinge weiter. Vielleicht wird er auf ein Podest gehoben oder es wird ständig über ihn hergezogen oder er wird immer nur dann hervorgekramt, wenn er als positives Beispiel gerade mal gebraucht wird. Der leibliche Vater, der sich nicht kümmert, bleibt der Familie – wie auch immer – zumindest aber als Spukgestalt erhalten. Davon kann ausgegangen werden. Ein Stiefvater betitelte ihn »durchsichtiger Mitbewohner«, ein anderer nannte ihn die »heilige Johanna«.
Wie wir wissen, gibt es solche und solche Väter, und nicht

jeder Ex ist ein Ärgernis, nur weil er der Ex ist. In den meisten Familien, die wir befragt haben, stellte sich der Kontakt zwischen den Bezugspersonen für die Kinder (sprich Mutter und Stiefvater, Vater und Stiefmutter) als durchaus praktikabel, zum Teil sogar als durchaus harmonisch heraus. In einigen wenigen Fällen wurde der Kontakt dieser Personen auf ein Minimum heruntergefahren, in nur zwei Fällen war nicht einmal mehr das Gespräch der geschiedenen Eltern möglich. In einem Fall kam es aber dennoch zu einer relativ störungsfreien Lösung. Die Mutter spricht mit der neuen Frau ihres Exmannes die Termine ab und tauscht sich mit ihr aus. In der anderen Familie leiden die Kinder sehr unter den ewigen negativen Äußerungen beider Eltern über den anderen, und es ist den leiblichen Eltern bisher nicht gelungen, dieses abzustellen.

Kehren wir aber zu den Hauptakteuren dieses Buches zurück, den Stiefvätern. Die Statistiken besagen zwar, daß es viele leibliche Väter gibt, die ihren väterlichen Pflichten nach einer Scheidung oder Trennung nicht mehr in dem Maße nachkommen, wie es die Fürsorgepflicht verlangt. Sie sind unzuverlässig, zahlen nur unregelmäßig Alimente oder gründen eine neue Familie und verlieren die Lust auf die vielleicht schwierigere alte Vaterrolle. Auf der anderen Seite steht aber eine Vielzahl von Vätern, die sich weiterhin um ihre Kinder kümmern und sorgen.

Und eben diese Väter spielen daher weiter eine direkte Rolle in der neuen Stieffamilie. Es kann über Jahre hinweg ewige Streitereien zwischen den Expartnern geben; und dem Stiefvater hängen diese Streitgespräche, am Telefon oder auch in seinem Zuhause geführt, wahrscheinlich zum Halse heraus. Er wird es leid sein, den ewigen Berater zu spielen und immer wieder in diese »alten Kamellen« hineingezogen zu werden. Dieser Stiefvater kennt nach kürzester Zeit womöglich alle Missetaten, die der Ex jemals begangen haben mag, und es wird ihn womöglich langweilen, immer und immer wieder darüber sprechen zu müssen. Ein paar Wochen oder

Monate oder sogar Jahre mag er es stoisch ertragen, aber es wird der Tag kommen, an dem er nicht einmal mehr den Namen des Besagten hören mag. Es wird Phasen geben, da wird man auch ihn, den Stiefvater, auf ein Podest heben, im immer wiederkehrenden Vergleich, er wird seine positive Rolle leid sein und er wird auch die Erfahrung machen, von Zeit zu Zeit wieder vom Sockel gekippt zu werden. Er mag irgendwann wahrscheinlich nicht mehr daneben sitzen, wenn die Kinder zum wer-weiß-wievielten-Mal die Geschichte erzählen von dem »Weißt-du-noch-Tag«, an dem sie noch eine glückliche Familie waren. Ihm geht es womöglich auf die Nerven, mit der Frau und deren Ex und den Kindern gemeinsam am Kaffeetisch zu sitzen und niemals die Hauptperson sein zu dürfen. Und er wird es vielleicht hassen, bei dem gemeinsamen Gespräch wieder nur Staffage zu sein, weil der Ex sich im Grunde überhaupt nicht für ihn persönlich interessiert und daraus auch seit Jahren keinen Hehl macht.

Die Stiefvaterrolle ist häufig eine undankbare. Und auch eine Außenseiterrolle. Ein Stiefvater taucht nicht in Fotoalben aus alten Tagen auf, war nicht auf Oma Emmas Siebzigstem, als Onkel Peter in der Badewanne eingeschlafen ist, und er hat Oma Emma vielleicht nicht einmal mehr kennenlernen können. Er kennt die Milchzähne seiner Stiefkinder vielleicht nur aus dem Döschen und kann beim Thema »die Grundschullehrerin mit dem Spleen« nie mitreden. Es ist ja nicht so, daß besagter Stiefvater keine Vergangenheit hätte. Er bleibt aber mit seinen Erinnerungen allein, sie sind nicht mit denen der anderen verknüpft. Es erinnert sich niemand mit ihm zurück, es sei denn, er hat eigene Kinder mit in die Partnerschaft gebracht. Ansonsten hat er ein anderes Leben geführt, er hat eine andere Vergangenheit, die nicht mit der der anderen Familienmitglieder verknüpft ist. Seine Ex, mit der er keine Kinder hat, spielt in seinem Leben keine Rolle mehr. Und wenn er von ihr erzählt, dann wird keiner an seinen Lippen hängen, um alte

Zeiten Revue passieren zu lassen. Stiefvater zu sein kann manches Mal ganz schön am Selbstwertgefühl kratzen.
Aber irgendwann stellt sich auch in einer Stieffamilie eine gemeinsame Vergangenheit ein. Mit den Jahren wird es auch in der neuen Familie Dokumentationen des Zusammenlebens geben, Fotoalben zum Beispiel oder die Weihnachtskiste. »Bei uns im Flur hängt ein gemeinsames Familienkunstwerk, eine selbstgefertigte Collage«, erzählt ein Stiefvater. Wer lebt, hat irgendwann eine Vergangenheit, und wer gemeinsam lebt, hat irgendwann auch eine gemeinsame Vergangenheit.
Natürlich können Mütter die Stiefväter dennoch bewußt besser (oder auch unterstützend) in den Familienalltag integrieren. Zunächst einmal in der Gegenwart. Wir haben dieses Thema im Buch schon häufiger angeschnitten. Ausflüge, ein Kinobesuch, ein Tag im Tierpark können Aktivitäten sein, an die man sich irgendwann gemeinsam zurückerinnert, und dann stellen sich die »Weißt-du-noch-Geschichten« von ganz allein ein.
Eine Mutter, die ihre Kinder nicht loslassen kann, versperrt den Stiefvätern den Weg zu den Kindern. Denn trotz aller Euphorie und allem Tatendrang sind Stiefeltern gerade zu Beginn verstärkt auf die Mithilfe der leiblichen Eltern angewiesen. Man sollte ihnen vielleicht hin und wieder die Möglichkeit geben, für die Kinder Partei ergreifen zu können. Das schweißt Stiefeltern und Stiefkinder zusammen. Darüber hinaus kann man sich selbst einmal eine Auszeit genehmigen und Stiefvater und Kinder ruhig allein losziehen lassen.
Und: Der Umgang der Erwachsenen in der Familie beeinflußt die Kinder natürlich auch. Eine Mutter, die den Stiefvater vor den Kindern verbal ausbremst, weil sie meint, er träfe nicht die richtige Entscheidung, muß sich nicht wundern, wenn er innerhalb der Familie nicht ernst genommen wird und Akzeptanzprobleme hat oder dadurch erst bekommt. Daher sind Absprachen so wichtig.
»Nico kommt manchmal abends nach Hause und bringt alles

durcheinander«, erzählt Susanne. »Dann verspricht er den Kindern zum Beispiel, daß er eine Geschichte vorliest oder daß er nach dem Abendessen die neuen Sticker im Stickerheft bestaunt. Dabei hatte ich mit den Kindern schon geklärt, daß sie erst ihre Kinderzimmer aufräumen; oder sonst irgend etwas. Dieses Hineinfunken ist immer blöd, weil man darauf oft so spontan reagiert. Ich fahre Nico dann häufig über den Mund. Er fragt aber auch nicht, kommt einfach reingeplatzt und hat seine eigenen Ideen im Kopf.«

Natürlich wird es in jeder Stieffamilie immer wieder ähnliche Situationen geben. Je spontaner eine Familie lebt, desto häufiger. Gute Planung und Absprachen machen das Paar (auch in bezug auf die Kindererziehung) in jedem Fall stärker. Chaos bringt Chaos hervor, und Menschen (also auch Kinder) nutzen unentschiedene Situationen gern zu ihrem persönlichen Vorteil.

Fassen wir die Einstiegsprobleme einer Stieffamilie noch einmal zusammen: Stieffamilien gründen auf der Erfahrung des Verlustes. Wie wir gesehen haben, hängt ein möglichst guter Start der neuen Familie von einem möglichst guten Abschied ab. Die Auflösung der alten Familie ist ein schmerzlicher Verlust für alle Kinder, häufig der erste Abschied ihres Lebens. Auch und gerade wenn Abschied und Neubeginn zeitlich ineinander übergehen, ist es wichtig, nicht zu übersehen, daß Abschiednehmen ein Prozeß ist, der Zeit braucht.

Das Zusammenwachsen einer Stieffamilie kann Jahre dauern und ist geprägt von der Identitätsfindung jedes Mitgliedes der Familie. Gerade in der ersten Zeit prallen die verschiedensten, womöglich sehr unterschiedlichen Bedürfnisse aufeinander. Durch Rivalitäten zwischen den Erziehenden und den Kindern und auch zwischen den Kindern aus den jeweils unterschiedlichen Familien wird das Zusammenfinden noch erschwert. Das ist ein ganz normaler und nicht vermeidbarer

Prozeß. Wichtig ist nur, daß er nicht zu einem Machtkampf ausartet, sondern zum Ziel hat, einerseits die Rollenfindung des neuen Stiefelternteils zu ermöglichen und andererseits den Kindern die Gewißheit zu bringen, daß ihre Nähe zu den leiblichen Eltern nicht gefährdet ist.

Regeln des Zusammenlebens sind in der Stieffamilie nicht weniger wichtig als in Kernfamilien. Sie sind meistens jedoch weniger starr umrissen (gerade zu Beginn) und müssen daher immer wieder definiert werden. Das bietet aber auch die Chance, immer wieder neu auf die Bedürfnisse und Veränderungen in der Familie zu schauen und reagieren zu können.

Alle Stiefväter, mit denen wir gesprochen haben, benennen das Autoritäts- und Respektproblem als zentrale Frage. Die Rolle des Stiefvaters kann nur mit Hilfe jedes einzelnen der Familie definiert werden. Daher kristallisieren sich an der Rolle des Stiefvaters oft die Probleme, die jeder einzelne in der Familie oder die Familie als Ganzes hat. Das ist eine undankbare Rolle, in der das eigene Selbstwertgefühl oft in den Keller geht.

Ein Stiefvater kann seine Bedürfnisse nicht nur hinten anstellen, denn das wird sich irgendwann rächen. Aber er darf auch nicht verlangen, von heute auf morgen eine Autoritätsperson für die Kinder zu sein. Der Idealfall ist in der Regel die Rolle des väterlichen Freundes. Entscheidend für die Rollenfindung des Stiefvaters und für das Gelingen einer Stieffamilie überhaupt ist die Beziehung der Erwachsenen. Sie bauen die Brücke zur Vergangenheit und bilden die Basis für die Zukunft.

Das Paar

Zweisamkeit

Abend für Abend saß Britta auf dem Sofa herum. Ziemlich phlegmatisch. Damals hatte sie weder Lust, ein Buch zu lesen oder fernzusehen, noch sich mit einem Schaumbad zu verwöhnen. Es gab Tage, da ging sie mit derselben Jogginghose ins Bett, mit der sie morgens aufgestanden war. Die Haare hingen in fettigen Strähnen trostlos von ihrem Kopf herab, das Kinn zierten dicke Pickel, und die Wohnung sah ziemlich unordentlich aus. Es war Britta egal. Sie hatte es einfach aufgegeben, täglich wieder den Kampf gegen Wäscheberge, verklebte Essensreste auf Tischen, Böden, Wänden und an ihrer Kleidung aufzunehmen. Im Kinderzimmer kriegte man kaum noch einen Fuß vor den anderen, überall lagen Spielzeug und Klamotten verteilt. Schließlich hatte die Mutter ihre Erfahrungen gemacht. Am nächsten Tag würde wieder ein vergleichbares Chaos herrschen. Das Traurigste aber war, daß sie gar nicht mehr in der Lage war, die Zeit, die sie mit dem Nichtaufräumen einsparte, sinnvoll für sich zu nutzen, sondern einfach nur lethargisch vertrödelte. Noch eine Tasse Kaffee und noch eine Zigarette. So ging es seit etwa drei Jahren. Seit der Geburt der Zwillinge. Ihren Vater hatten die Kinder nie kennengelernt. Er verließ Britta, als er hörte, daß sie schwanger ist.

Britta hätte nie gedacht, daß sie sich noch einmal verlieben könnte. Ausnahmsweise hatte sie sich mal wieder ein bißchen zurechtgemacht. Vielleicht weil es einer der ersten schönen

Sommertage in diesem Jahr war, die Zwillinge tollten ausgelassen mit einem Ball herum, die Sonne schien, und die Vögel zwitscherten, als plötzlich ein Riesenhund direkt auf sie und die Kinder zugestürmt kam. Der warf erst Marvin, dann Kevin um, und begann ihnen abwechselnd die Gesichter abzuschlecken. Als die Mutter hinzukam, ertönte ein langgezogener Pfiff, der Hund trollte sich, und ein schlaksiger Kerl kam herbeigeschlendert. Er musterte Britta von oben bis unten und entschuldigte sich. Ob er die drei als Wiedergutmachung vielleicht auf ein Eis einladen könne? Die Kinder schrien »Hurra«, worauf der Hund ausgelassen zu bellen begann, und Britta lächelte ihr schönstes Lächeln.

Wenn sie zurückblickt, war die Beziehung zu Rolf vom ersten Augenblick an unkompliziert. Sie gingen alle Eis essen, vier Wochen später zog Britta mit den Kindern bei ihm ein. Er bewohnte ein Haus, etwas außerhalb der Stadt gelegen. Eigentlich hatte er es schon zum Verkauf angeboten. Es war ihm allein zu groß geworden. Aber nun waren sie ja zu viert. Kevin und Marvin lebten auf. Da sie ihren leiblichen Vater nie kennengelernt hatten, saugten sie Rolf anfänglich regelrecht aus. Britta wußte nicht, worauf sie eifersüchtiger war, auf den Hund, der zum Lieblingsspielzeug avancierte, auf Rolf, den die Zwillinge ständig in Beschlag nahmen, oder darauf, daß sie kaum mehr Notiz von ihr nahmen. Natürlich gab es Probleme. Eine Menge Probleme sogar. Britta war absolut auf die Kinder fixiert und die in gewissen Dingen auch sehr auf ihre Mutter. Sie hatten ja immer nur zu dritt gelebt.

Manchmal war Britta völlig fertig, die Verantwortung blieb immer an ihr kleben, die Arbeit auch, und die schönen Dinge wollten die Kinder lieber mit Rolf erleben. Aber da sie wieder Spaß am Kochen und Putzen fand, schmiß sie den Haushalt, wusch die Wäsche, putzte das Haus, klebte Pflaster auf blutige Knie und hörte sich abends gutgelaunt das Gequengel an, wenn Kevin und Marvin nicht ins Bett wollten. Das war die

Zeit, in der Rolf gemütlich die Füße hochlegte und Zeitung las oder Fernsehen guckte. Britta kritisierte ihn nie. Sie fand, es stünde ihr nicht zu. Schließlich waren es ihre Kinder, für die sie verantwortlich war. Mit Rolf war sie dagegen eine Liebesbeziehung eingegangen. Und sie hatte ein schlechtes Gewissen, weil sie zu einem großen Teil von seinem Geld lebte.

Nach und nach kamen dann aber doch diese ganzen Unzufriedenheiten auf den Tisch. Irgendwann sprach Britta Rolf auf die Probleme an, die sie mit und in der neuen Familie hatte. Rolf war sehr aufgeschlossen und sagte, er wisse selbst nicht, wie er sich mehr einbringen könne, er wolle sich nur nicht einmischen. Das sei der einzige Grund, warum er sich immer zurückziehe. Er käme sich so überflüssig vor, wenn sie sich um die Kinder kümmere. Erst von dem Tag an begann das Paar, sich langsam über die Kindererziehung und den Alltag mit Kindern zu verständigen.

Inzwischen leben sie seit etwa vier Jahren zusammen. Britta und Rolf haben geheiratet, und Rolf hat Kevin und Marvin adoptiert. Das fanden sie wichtig, um alle den gleichen Namen zu tragen, aber nicht nur um unliebsamen Fragen aus dem Weg zu gehen. Sie verstehen sich als ganz normale Familie mit Kindern: »Mutter, Stiefvater und Kinder. Wir sind weniger von der Stieffamilienproblematik belastet als andere Stieffamilien.«

Nach langem Hin und Her hat sich dieses Paar gegen ein weiteres gemeinsames Kind entschieden. Britta arbeitet wieder als Altenpflegerin – halbtags –, sie hat keine Lust, noch mal Windeln zu wechseln; und Rolf sagt, er liebe Kevin und Marvin wie eigene Kinder.

Manchmal wünscht Britta sich, nur für ein paar Tage kinderfrei zu haben. Sie sagt, sie habe ihre Beziehung zu Rolf nie als Paarbeziehung leben können, vom ersten Tag an hätten sie immer die Zwillinge um sich gehabt. Sie konnten nie spontan leben. Gerade in der ersten verliebten Zeit hat Britta das sehr bedauert. Sie ist heute noch häufig von einer Sehnsucht nach Rolf ergriffen, obwohl sie mit ihm zusammenlebt. Jetzt, nach vier Jahren ist vieles so alltäglich. Es wäre schön gewesen, sie hätten damals mehr von der großen Liebe leben können. Irgendwie romantischer, spontaner und selbstbestimmter.

Die Wandlung der Liebe

In den vorangegangenen Kapiteln kamen bereits einige für Stieffamilien typische Startschwierigkeiten zur Sprache. Der krasseste Realitätsschock allerdings wurde noch nicht genannt: die Wandlung der Liebe.
Für beide, Mann und Mutter, bedeutet das gemeinsame Glück oft besonders viel. Für den Mann, weil er ahnt, daß er sich nicht nur auf eine unverbindliche Verliebtheit einläßt, sobald sie ihm ihre Kinder vorgestellt hat; für die Mutter, weil sie weiß, daß sie ihren Kindern nicht unendlich viele neue Ersatzväter präsentieren kann und deshalb dieses Mal alles richtig machen will, damit die Liebe hält.
Stiefväter, die keine eigenen Kinder mit in die Beziehung bringen, rechnen zwar damit, ihre Partnerin plötzlich mehr als Mutter denn als Frau zu erleben. Der Alltag überrascht sie dann aber doch. Die Geliebte, die ihn früher verführt hatte, mit ihm das Wochenende im Pyjama verbummelte oder Kunstausstellungen besuchte, ist plötzlich ständig mit Arbeit, Haushalt und den Kindern beschäftigt. Sie kontrolliert Hausaufgaben, hängt Wäsche auf, statt Vier-Sterne-Menues brät sie eilig Pfannkuchen, und die Pumps hat sie gegen bequeme Wollsocken getauscht. Dabei lebt sie auch noch mit einem latent schlechten Gewissen, denn im Grunde will sie allen gerecht werden. Den Kindern, die gerade jetzt besonders viel Aufmerksamkeit von ihr brauchen, dem Partner, der sich bemüht, möglichst schnell Anschluß an die Gemeinschaft zu finden, und dann auch noch sich selbst, ihrer Liebe zu

dem Mann, ihrer Arbeit, ihrem persönlichen Glück. Kein Wunder, daß sich viele Mütter unter diesen Umständen immer wieder maßlos überfordert fühlen. Das neue Glück mag beflügeln, aber besonders in der Anfangszeit wird die daraus entstehende Energie auch dringend benötigt. So wie bei Britta und Rolf, die sich nie nur als Paar erleben konnten. Sie waren immer zu viert.

»Endet der zweite Versuch wie in einem Märchen oder in einer Katastrophe, vor der man schnellstmöglich das Weite sucht?« fragen die Psychologen Janda und MacCormack in ihrem Buch *Der zweite Versuch*. »Beide Extreme sind möglich«, schreiben die Autoren, »ebenso wie alle dazwischen liegenden Varianten.«[5]

Zwischen Alltag und Honeymoon

Zu Beginn einer Beziehung stehen normalerweise Euphorie, Optimismus und Liebe. Und Liebe versetzt bekanntlich Berge. Diese Quelle ist allerdings nicht unerschöpflich. Oder anders gesagt, man kann die Kuh nur melken, solange sie Milch gibt. Kein Mensch kann dauerhaft mit einem Sonntagsgesicht herumspazieren. Zu Beginn, in der Kennenlernphase, wenn die Schmetterlinge im Bauch flattern und man einfach nur glücklich ist, scheint man auch noch so schwierige alltägliche Probleme aus dem Handgelenk lösen zu können. Aber das läßt nach, auch wenn man ein Leben lang verliebt in den Lebenspartner ist.

Neben den Schmetterlingen im Bauch hat das Erwachsenenpaar der Stieffamilie alltägliche Pflichten und Kinder, die Aufmerksamkeit verlangen. Es ist ein schmaler Grat zwischen Alltag und Honeymoon. Viele Paare berichten von dem ewigen Kampf, die Liebe nicht vom Alltag überrollen zu lassen.

Eine berufstätige Mutter zweier Kinder, die den Haushalt alleine bewältigen muß, weil ihr frischangetrauter Ehemann (und Stiefvater ihrer Kinder) noch weitaus mehr arbeitet als sie selbst und vor neun Uhr abends selten nach Hause kommt, möchte ihren Mann vielleicht gerne in einem nach Rosen duftenden Himmelbett verführen. Statt dessen wischt sie mit aufgelöster Frisur und Spülhänden, an denen die Nägel heruntergekaut sind, in Jogginghose Kinderpopos ab, nachdem sie den Abend mit Wäschewaschen, Märchen vorlesen, Essen kochen und Staubsaugen verbracht hat. Und wenn nach all der getanen Arbeit noch Spinat und Kartoffelbrei an den Fliesen kleben, die Schwiegermutter angerufen hat, die Glühbirne ausgewechselt ist und die Post erledigt, dann bleibt nun mal wenig bis gar keine Zeit für einen romantischen Plausch bei Kerzenschein, ganz zu schweigen von Maniküre, Duftbädern und Schönheitsmasken. Die Frauen, die mit drei Kleinkindern an den Beinen und Handy in der Hand in einer gestylten Maisonette-Wohnung im Stewardessen-Kostüm an die Tür eilen, um ihren Liebsten einzulassen, gibt es eben nur in der Werbung.

Bitte nicht stören

Mütter in Stieffamilien übernehmen oft die Rolle des starken, alles lenkenden Familienkopfes. Viele, die vorher alleinerziehend waren, sind es auch gewohnt, alles zu managen: Beruf, Haushalt, Kinder, Freizeit. Nun kommt noch etwas hinzu: Beziehungsarbeit.

Auch frischgebackene Stiefväter werden in der Regel alles daransetzen, die neue Familie nicht gleich zu Beginn unnötig zu belasten. Sie halten sich zurück, schauen erstaunt zu, wie ihre Partnerin mit den Kindern umgeht. »Die ersten ein, zwei Jahre war ich fast nur damit beschäftigt herauszufinden, wie Kinder überhaupt funktionieren«, sagt ein Stiefvater, der vorher zwei Jahre als Single gelebt hat. »Und abends waren ich und meine Frau oft so kaputt, daß wir keine Kraft mehr hatten für schöne Stunden zu zweit. Wir haben noch ein bißchen vor dem Fernseher gesessen, und das war's.«

Stieffamilien bekommen Attribute wie Liebe und Geborgenheit, Vertrautheit und Nähe eben nicht in die Wiege gelegt, sie müssen sie erst entwickeln. Und hier beginnt die erste Bewährungsprobe, die Kraftanstrengung, das sensible Austarieren, der Ideenreichtum und auch die Chance, als Stieffamilie aus eigener Kraft zusammenzuwachsen.

Und wo bleibt die Liebe? Auch wenn es noch so abwegig erscheint, weil ein Termin, ein Lehrergespräch oder eine Wäschetrommel die nächste jagt: Die Partner müssen sich, wenn sie sich nicht in der reinen Bewältigung des Alltags verlieren wollen, Zeit füreinander nehmen.

Es gibt verschiedene Möglichkeiten, diese Zeit freizuschaufeln. Manche hängen ein Bitte-nicht-stören-Schild an die Schlafzimmertür, andere bestellen immer donnerstags einen Babysitter, damit sie essen oder ins Kino gehen können, oder sie wechseln sich mit anderen Paaren bei der gegenseitigen Kinderbetreuung ab, bilden eine Art Kooperative. Wieder andere Paare achten konsequent darauf, daß die Kinder regelmäßig um acht Uhr schlafen gehen, um die noch verbleibenden Stunden zu zweit nutzen zu können. Das alles sind natürlich nur Beispiele. Sie könnten alles mögliche tun, nur: Sie *sollten* es tun, so der dringende Rat von Psychologen. Mal werden es nur fünf Minuten sein, mal wird es keine Sekunde geben, an anderen Tagen wiederum vielleicht ein ganzer Abend werden. Wichtig ist die Idee, Zeit für den anderen einzuplanen. Je regelmäßiger diese Freiräume stattfinden, desto besser ist es, weil sie in der Familie zu so etwas wie einer verläßlichen Größe werden. Jedes Paar wird aber wahrscheinlich einen eigenen, individuellen Weg beschreiten.

Psychologen raten zu mindestens 20 Minuten gemeinsamer Aus- oder Freizeit für das Paar täglich. Damit sind aber nicht die Gespräche über die Familie gemeint! Sondern gemeinsame Beschäftigungen wie Spazierengehen, gemütlich beieinander sitzen oder ein kurzes kuscheliges Mittagsschläfchen. Lebt ein Paar trotz Kindern, Beruf und Alltag gern oder zwangsläufig spontaner als andere Familien, werden die beiden es natürlich kaum schaffen, ihr Zusammentreffen nach Kalender zu terminieren. Sie müssen spontan Freiräume nutzen. Ein anderes Paar braucht eine strikt abgesteckte Terminplanung (die ist übrigens auch besser als willkürliches Planen), um eine Zweisamkeit überhaupt in den Alltag integrieren zu können. In jedem Fall gilt: Gemeinsame Zeit sollten die Paare genießen lernen. Sie ist oft rar.

Um es noch einmal klar zu sagen: das Kompositum Stieffamilie braucht vor allem eine stabile Beziehung zwischen Mutter und Stiefvater. Sie sind es, die das Fundament für das »Stieffamilienhaus« legen. Manchmal kann es deshalb sinnvoller sein, Aufgaben zu teilen und sich dafür gegenseitig Freiräume zuzugestehen, als nur noch mit müdem Blick gemeinsam auf den TV-Bildschirm zu starren. Im übrigen ist das Zeitproblem ja auch nicht nur ein Problem von Stieffamilien ...

Luft zum Atmen

Nach geraumer Zeit beginnen die meisten Paare laut Janda und MacCormack zu streiten. Einer der Gründe, warum sich Bagatellen zu unlösbaren Problemen auftürmen könnten, heißt es, läge im sogenannten »Flitterwochensyndrom«. Am Anfang einer Beziehung sei es für beide Partner ungeheuer wichtig, dem anderen zu gefallen. Man tue buchstäblich alles für den geliebten Menschen, selbst wenn das voraussetzt, daß man eigene Wünsche zurückstellt. »Der Auserwählte ist der Nabel des Universums, der wichtigste Mensch auf Erden. Wir haben das Bedürfnis, ihm oder ihr die Wünsche von den Augen abzulesen.«[6]

Schwierig werde es erst, schreiben die Autoren, wenn die Maßstäbe, die man in der ersten Phase des ersten Verliebtseins

hatte, an den späteren Ehealltag angelegt würden und beide Partner versuchten, die Höflichkeit, Rücksichtnahme und Selbstlosigkeit der ersten Zeit aufrechtzuerhalten, während sie hinter dieser Fassade bereits Ansätze von Unmut und Gereiztheiten aufbauten.
Oft sind es die kleinen Dinge, die wieder Luft schaffen. Nico und Susanne frühstücken morgens gemeinsam, nachdem sie die Kinder in die Schule gebracht haben. Sie haben dann beide noch eine Dreiviertelstunde, bevor sie zur Arbeit müssen. Anfangs haben sie die Zeit nicht für sich nutzen können, sondern Hausarbeiten erledigt: Küche aufräumen, Bett lüften, Wäsche in die Maschine, los. Dann haben sie sich irgendwann dazu entschlossen, diese knappe Stunde gemeinsam zu verbringen. Susanne: »Oft hängen wir nur müde, jeder in eine Zeitung vertieft, am Küchentisch herum, trinken Kaffee und reden kaum ein Wort. Es gibt aber auch Morgen, bei denen es richtig zur Sache geht, dann diskutieren wir, sprechen über den Job, die Kinder, unsere Beziehung, über Gott und die Welt. Obwohl wir beide Morgenmuffel sind, war das die einzige Möglichkeit, die wir gesehen haben, miteinander sein zu können und in Ruhe sprechen zu können. Und wenn wir so richtig ins Plaudern kommen, lassen wir auch mal den Buttertopf stehen wo er ist und düsen auf die letzte Minute ab zur Arbeit.«
Frauke und Robert, ein Medizinerehepaar aus Schwerin, leisten sich jeden Mittwoch einen Babysitter. Die Kinder haben sich in den zwei Jahren daran gewöhnt, daß die beiden einmal in der Woche ausgehen. Robert, der Stiefvater: »Es gab schon so viele Mittwochabende, an denen ich zu nichts Lust hatte. Ich ärgerte mich dann über diese blöde Regelung, auf Bestellung etwas unternehmen zu müssen. Ich bin ein Mensch, der viel lieber nach dem Lustprinzip seine Freizeit plant. Trotzdem kann ich unser Konzept allen Eltern und Stiefeltern empfehlen. Wenn man sich erst einmal aufrafft, ist es meistens sehr schön. Wir gehen ins Theater, essen

oder auch nur ein Bier trinken. Inzwischen freue ich mich regelrecht auf dieses Ritual: Frauke und ich trinken meist noch einen Tee mit unserer Babysitterin, duschen dann in aller Ruhe und ziehen los. Manchmal denke ich sogar, daß es auch die Kinder genießen, uns mal nicht um sich zu haben.«

»Ab nach Rom, Venedig, Prag. Oder die Seele für ein paar Tage auf Mallorca baumeln lassen«, so lautet die Devise von Walter und seiner Frau. Das Paar tankt in den gemeinsamen Urlauben auf. Sie machen romantische Spaziergänge an verlassenen Stränden, bummeln irgendwo auf dieser Welt durch eine Altstadt, gehen essen, machen Bergtouren und verwöhnen sich gegenseitig. »Aber nur, wenn wir dazu Lust haben«, sagt Elli. »Diese Kurztrips sind auch nach Jahren noch jedesmal so, wie ich mir immer Flitterwochen vorgestellt habe.« Und Walter ergänzt: »Danach kann ich den Frust und die Enttäuschungen zu Hause besser wegstecken. Alles geht danach leichter. Ich tanke mich im Urlaub auch mit Humor auf. Ganz nach Charly Chaplin: Ein Tag, an dem du nicht lächelst, ist ein verlorener Tag.«

»Unsere Rettung war die Putzfrau«, erzählt ein anderes Paar. »Wir wissen, daß das ein Privileg ist, jeden Tag jemanden zu beschäftigen und zu bezahlen, der unsere Wohnung auf Vordermann bringt. Das kostet viel Geld. Aber es ist eine Rechenaufgabe, die sich lohnt. Wir gehen seither nicht mehr so oft essen, kaufen etwas günstigere Lebensmittel und schränken uns auf anderen Gebieten weiter ein. Dafür liegen unsere Nerven nicht mehr blank, und das erste, was wir tun, wenn wir nach Hause kommen, ist, die Füße hochzulegen. Es ist wunderbar. Seither tätigen wir beide übrigens weniger Frustkäufe.«

Das leidige Thema Geld

In Stieffamilien, in denen der Mann die Kinder mit in die neue Partnerschaft bringt, läuft es zumeist so wie in Kernfamilien:

Die Frauen betreuen die Kinder, die Männer arbeiten. In den Stieffamilien aber, in denen die Frauen Kinder mitbringen, ist das anders. Da stehen die Mütter oft mit leeren Händen oder einem winzigen Budget für sich und die Kinder da, und die kinderlosen Männer verdienen weit mehr Geld. Das manövriert die Frauen in eine erneute finanzielle Abhängigkeit. Um so schwerer zu ertragen für viele, da der Mann nicht der Vater ihrer Kinder ist. Sie trauen sich daher häufig nicht, Forderungen zu stellen, und versuchen neben der Kindererziehung zu arbeiten, um zumindest ein Stück weit unabhängig zu bleiben. Diese Doppelbelastung plus Partnerschaft schlaucht auf Dauer, und die Frauen fühlen sich ausgelaugt. Wobei das noch die nettere Variante ist. Denn es gibt auch eine Vielzahl alleinerziehender Mütter, die keinen Job haben und keine Chancen auf dem Arbeitsmarkt. Wie auch immer, die finanzielle Abhängigkeit führt für Mütter heute fast immer zu Frustrationen, Unzufriedenheit und vielleicht sogar dem Gefühl der Unzulänglichkeit. Alle anderen um sie herum, sprich Kinder und Mann, haben bessere Bedingungen als sie selbst. Dabei sind die Frauen häufig diejenigen, die am meisten leisten müssen.

In einer Stieffamilie, in der es ein ähnlich gelagertes Problem wie das hier beschriebene gibt, muß über das Thema Geld gesprochen werden. Unbedingt. Keine Partnerschaft, in der der eine in Saus und Braus lebt und die andere von der Hand in den Mund, hat dauerhaft Bestand. Finanzielle Fürsorge ist für viele Menschen auch ein Gradmesser für Liebe, Liebesfähigkeit oder gilt gar als Liebesbeweis.

Den ersten Schritt sollte der Mehrverdiener tun, indem er das Gespräch sucht und die Dinge klarstellt. Macht er das nicht, sollte die Frau sich trauen, das Thema von sich aus anzuschneiden. Viele Männer, die selbst keine Kinder haben, denken vielleicht einfach nicht darüber nach, oder es ist für sie längst selbstverständlich, daß alle Familienmitglieder das Geld gemeinsam ausgeben. Sie bringen es sogar fertig, sich drei

Jahre lang über ihre äußerst sparsame neue Partnerin zu wundern, ohne deren Ängste und Frustrationen auch nur zu erahnen. Sie selbst haben womöglich längst Unsummen für Stereoanlagen, einen Computer mit CD-Rom-Laufwerk, Handy und teure Fachzeitschriften ausgegeben, während das Guthaben auf dem gemeinsamen Konto dennoch stetig wächst und wächst, weil die Frau sich nicht traut, mehr als das Nötigste auszugeben.

Männer, die plötzlich Väter werden, wissen vielleicht schlichtweg nicht, was Kinder kosten – oder wieviel Arbeit Kinder machen und wie ein Hausmannalltag aussieht. Nicht arbeitende oder schlechter verdienende Mütter fühlen sich zwangsläufig in einer Bittstellerrolle. Sprechen sie das Thema Geld an, sieht es so aus, als bitten sie um Geld. Dennoch sollten sie sich trauen, ihren Männern ein bißchen auf die Sprünge zu helfen. Sie wissen ja schon, was es bedeutet, eine Familie zu haben. Sie haben längst die Erfahrung gemacht, keine Zeit für dies und jenes mehr zu haben, vielleicht ständig am Existenzminimum zu leben, obwohl sie hart arbeiten, und sie wissen auch längst, daß Kinder in der Bahn nicht umsonst befördert werden, sondern daß man dafür zahlen muß, ebenso wie für Schulbücher, neue Schuhe, Fahrräder und so weiter.

Viele Männer arbeiten allerdings mehr, wenn sie Stiefkinder mitzuversorgen haben. Einige berichten dabei von dem Problem, daß sie damit haben, die »Alimente« der leiblichen Väter, die sich aus dem Staub gemacht haben, nun aufbringen zu müssen. Wir möchten die Zahl hier noch einmal nennen. Weit über ein Drittel aller deutschen Väter zahlen nicht für ihre Kinder. Ein weiterer Teil zahlt sporadisch oder nur unregelmäßig (in Dänemark nimmt man zahlungssäumigen Vätern übrigens die Autos weg, in Hamburg hat eine Bürgerschaftsabgeordnete einen solchen Antrag gestellt). Hinzu kommen Konstellationen, die sich durch das neue Kindschaftsrecht ergeben. Wenn nämlich beide leiblichen Eltern zu gleichen oder vergleichbaren Teilen die Sorge für ihre

gemeinsamen Kinder übernehmen, kommt es heutzutage gar nicht mehr unbedingt zu einem Versorgungsausgleich. Das heißt: Kein Ex muß seine Exfrau mehr unterstützen und umgekehrt.
Durch die Trennung steigen die Lebenshaltungskosten für beide Elternteile natürlich an. Ein Stiefvater trägt diese Kosten mit. Häufig haben Stiefväter das Gefühl, »ausgesaugt« zu werden. Sie verdienen das Geld, das nun zu einem Großteil die gesamte Familie ernährt, und sie selbst haben womöglich wenig zu melden, werden kritisiert, und ihr Einsatz wird als ungenügend eingestuft. Gerade Männer, die zuvor nur für sich selbst sorgen mußten und es noch nicht kennen, in einer Familie zu leben, müssen erst mal ihr eigenes Tempo finden, sie müssen erst einmal begreifen, was sie da jetzt zu leisten haben.

Stiefväter sind sich sicherlich vieler Dinge bewußt und sind vielleicht auch der Meinung, ihr Leben voll und ganz auf Familie eingestellt zu haben. In den Gesprächen mit ihren Stieffamilien haben wir aber ein anderes Bild gewonnen, nämlich daß viele Stiefväter gerade zu Beginn ziemlich blauäugig durch die Weltgeschichte liefen. Diese Geschichten waren zum Teil sehr amüsant, andere fast ärgerlich.
Es gab einen Stiefvater, der stoisch seinem Modelleisenbahn-Tick nachging, egal ob es zu Hause drunter und drüber ging. Seine Frau tolerierte das solange, bis sie sah, daß die neue Familie so nicht zusammenwachsen konnte. Mit ihrer Kritik ließ sie sich erst einmal Zeit, verdeutlichte erst vorsichtig, später immer nachdrücklicher ihr Problem. Die neue Familie hatte kein gemeinsames Wochenende, das bißchen Geld ging für sündhaft teure winzige Metallkühe, Miniaturhäuser, Schienen und Lokomotiven drauf, die das gemeinsame Wohnzimmer verstopften. Die Kinder waren bald enttäuscht von dem Freund der Mutter, der lieber Lokomotiven kaufte statt des lang ersehnten Tamagotchi. Nach einem knappen halben Jahr

schon befand sich die Stieffamilie auf Krisenterrain. Die Modelleisenbahn ist inzwischen dem Familiensanierungsprogramm zum Opfer gefallen. Der Stiefvater trennte sich schweren Herzens, nachdem er vier Wochen lang den Hausmann spielen mußte, weil seine Frau im Krankenhaus lag. Learning by doing: Ein altbewährtes Rezept.

Tips für Mütter:

* Seien Sie nicht ungeduldig. Klärende Gespräche, auch in Finanzsachen, sind nun mal wichtig.
* Seien Sie nicht beleidigt oder verletzt. Versuchen Sie erst einmal, sich in die Situation ihres Partners hineinzudenken.
* Überprüfen Sie Ihre finanzielle Situation und legen Sie sie ihrem Partner von Beginn an dar. Versuchen Sie nicht, Ihre finanzielle Misere zu vertuschen oder Schulden zu verschweigen.
* Leben Sie nicht über Ihre persönlichen finanziellen Verhältnisse, wenn nicht klar ist, wie das Geld innerhalb der Familie ausgegeben wird. Sonst haben Sie keinen Spaß an den Dingen, das schlechte Gewissen wird sie Ihnen verderben. Und Geld wird womöglich zu einem Streitfaktor.
* Wenn Sie merken, daß Ihr Partner mehr Geld hat als Sie, aber nicht alles mit Ihnen teilen möchte, überlegen Sie sich, ob das für Sie tatsächlich ein Gradmesser für Liebesfähigkeit ist oder nicht.
* Überprüfen Sie, ob Sie sich vielleicht finanziell besser einbringen können.
* Falls Sie das Gefühl haben, daß Geld ein ewiger Zankapfel ist oder ein totgeschwiegenes Problem, wägen Sie ab, ob Sie nicht lieber mit Ihren Kindern allein leben. Sie können ja, wenn Sie wollen, weiterhin eine Beziehung zu Ihrem Partner aufrechterhalten.

Tips für Stiefväter:

* Suchen Sie das Gespräch über die Finanzen, so Sie der Mehrverdiener sind. Tun Sie es nicht, drängen Sie Ihre Frau in eine Bittstellerrolle und Sie selbst stehen wie ein Gönner da, auch wenn das verlockend ist.
* Haben Sie das Gefühl, die finanzielle Misere Ihrer Frau nicht auf Ihren Schultern tragen zu können (oder auch zu wollen), sprechen Sie es ehrlich aus. Suchen Sie gemeinsam nach anderen Wegen.
* Möchten Sie Ihr Geld für sich allein, sollten Sie noch einmal überlegen, ob Sie der Richtige sind für einen Stieffamilienzusammenschluß.

Eine Alltagsgeschichte

Die Wohnung ist eng. Drei Zimmer, Küche, Bad. Es ist unordentlich. Klaus renoviert gerade das Schlafzimmer. Birte (11) schiebt einen Hamburger in die Mikrowelle. Die Waschmaschine schleudert, im Wohnzimmer dudelt das Radio deutsche Schlager, auf dem Tisch eine Thermoskanne mit Kaffee, unterm Tisch knurrt der Hund. Birte ißt im Stehen. Es ist kein Stuhl mehr frei.
Die Familie ist groß, vier Kinder von Ingrid plus drei von Klaus. Macht zusammen sieben. Zur Zeit wohnen aber nur Bastian, Lotti und Birte hier.
»Klaus ist der perfekte Hausmann«, sagt Ingrid. »Er kocht, renoviert, räumt auf, baut Regale und kümmert sich um die Kinder. Mein letzter Mann brauchte sieben Tage, um den Müll runterzubringen. Der ist gar nicht mehr imstande, sich um die Kinder zu kümmern.« Ingrid hat den Kontakt schon vor Jahren abgebrochen. Nach zwölf Jahren Ehe.
Seit eineinhalb Jahren lebt sie mit Klaus zusammen. Sie haben sich kennengelernt und sind zusammengezogen. Ingrid: »Wir

ergänzen uns gut. Ich habe es endlich geschafft, finanziell unabhängig von Männern zu sein. Seit eineinhalb Jahren verdiene ich wieder, bei einer Feuerwerksfabrik, am Fließband. Ich habe alle Schulden abbezahlt und sogar einen Wohnwagen gekauft. Davon hatte ich immer geträumt.«
Ingrid sieht die Welt »realistisch«, hat sich »rosarote Luftblasen« abgeschminkt. »Klaus erleichtert mein Leben«, sagt sie. »Sollte es schiefgehen mit uns, geht das Leben trotzdem weiter. Ich habe gelernt, auf eigenen Füßen zu stehen.«
Klaus erzählt von seinen Kindern. Lore (12) und Leander (15) seien gerade wieder ausgezogen. In eine Wohngruppe. Es gab Probleme in der zusammengewürfelten Familie. Es sei einfach zu eng. Ingrid: »Ich konnte machen, was ich wollte, immer, wenn ich konsequent eine Entscheidung getroffen hatte, hieß es, du bist doch nur unsere Stiefmutter. Du hast uns nichts zu sagen. Aber wenn ich etwas tun sollte, umgarnten die drei mich. Ich habe es nicht mehr eingesehen. Irgendwann bin ich trotzig geworden. Von da an lief es nicht mehr.«
Trotzdem hätte Ingrid Klaus' andere Kinder gern weiterhin in der neuen Familie gehabt. Und auch Birte, Ingrids Tochter, ist traurig, die neuen Geschwister nun doch wieder hergeben zu müssen.
»Regelmäßig, an jedem zweiten Wochenende kommen Lore und Leander aber zu Besuch, und auch zwischendurch«, erzählt Klaus. Am meisten Nerven aber koste Bastian. Ingrids neunjähriger Sohn hat starke körperliche und geistige Spasmen. Ingrid: »Seit Klaus hier wohnt, ist Bastian lange nicht mehr so aggressiv wie früher. Er hat Klaus wohl viel mehr als Autorität akzeptiert als jeden anderen von uns. Es ist das erste Mal, daß Bastian auf einem Schoß still sitzt. Früher war er immer in Bewegung.« Der behinderte Junge besucht bis ein Uhr mittags eine Sonderschule und wird dann mit einem Bus bis vor die Haustür gebracht. Früher hat eine Tagesmutter für ihn gesorgt, jetzt übernimmt Klaus die Fürsorge. So kann Ingrid Geld sparen.

»Ich versuche, Bastian wie alle anderen Kinder auch zu behandeln«, erklärt Klaus. »Mehr können wir nicht leisten. Dadurch, daß er jetzt so häufig dabei sein kann, hat er nicht mehr ein so ausgeprägtes Bedürfnis, immer im Mittelpunkt zu stehen, und seither akzeptiert er besser Grenzen. Entweder hat er sich früher häufig ausgeschlossen gefühlt, oder er hat darauf gewartet, daß ihm endlich mal jemand Grenzen aufzeigt.« Seit Klaus eingezogen ist, bringt er Bastian regelmäßig um acht Uhr abends ins Bett. Die ersten Wochen war das ein Machtkampf, jetzt läuft es bestens. Ingrid und Klaus haben seitdem auch mal ein paar Stunden Zeit füreinander.
Klaus setzt noch etwas Kaffee auf und guckt nach dem ersten Anstrich im kleinen Kinderzimmer. Das Zimmer der beiden Mädchen hat er schon renoviert. »Ich sehe mich nicht als Ersatzvater. Ich tue halt mein Bestes. Wenn Ingrid und ich zusammenbleiben, und danach sieht es aus, kann ich mir vorstellen, die Funktion eines Vaters irgendwann einmal zu übernehmen. Dafür muß aber erst einmal ein gegenseitiges Vertrauen da sein. Am wichtigsten ist mir meine Beziehung zu Ingrid. Solange wir klarkommen, bleibt auch die Familie stabil. Wir haben gute Absprachen getroffen. Sie bringt das Geld nach Hause, und ich bin der Hausmann.«
Die Alimente für Lore und Leander kann der 35jährige nicht zahlen. »Wovon auch? Wenn ich mir einen Job suchen würde, ich bin Tischler, bleibt nichts übrig. Und wer soll sich dann um die Kinder hier kümmern?« Also lebt er vom »Sozi«. Klaus kommt aus schwierigen Familienverhältnissen: alleinerziehende Mutter, kein Geld, schlechte Gegend, immer wieder neue Stiefväter.
»Wir leben sehr bescheiden«, sagt Ingrid. »Das hier ist eben nicht der Buckingham Palace. Klaus ist kein Prinz im herkömmlichen Sinne, und ich bin ganz bestimmt keine Prinzessin.« Ingrid lacht. »Den Kindern geht es aber gut wie nie. Und der Wohnwagen reißt eine Menge raus: die frische Luft an der Ostsee und die Natur.«

Ingrid ist im Laufe der Jahre pragmatischer geworden. »Hier muß jeder sein Bestes geben. Ich versuche selbst, einigermaßen mit dem Alltag klarzukommen, gerecht zu sein und liebevoll, auch wenn ich manchmal denke, ich halte es nervlich nicht mehr aus.«

Klaus trinkt ein Bier, obwohl es erst zwölf Uhr mittags ist – er ist aber auch schon seit 5.30 Uhr auf den Beinen –, hängt zwischendurch die Wäsche auf und schält Kartoffeln. »Ich mache mir weniger Gedanken als Ingrid. Ich mache mehr aus dem Bauch heraus. Manchmal, wenn Ingrid mit mir über Probleme mit den Kindern sprechen will, dann hat sie sich schon tagelang Sorgen gemacht über Dinge, die mir irgendwie schon lange klar sind. Wir passen gut zueinander, eben weil wir so unterschiedlich sind. Sie hat die Reife einer Frau, die viel erlebt hat, und das ist für einen Abenteurer und Lebenskünstler wie mich ein sehr guter Halt.« Klaus steht auf, schiebt mit dem Fuß Kleidungsstücke zur Seite, setzt die Kartoffeln auf und brummelt: »Das einzige, was uns zum Verhängnis werden könnte, ist diese Enge.« Ingrid erhebt sich schwerfällig, tritt dem Hund auf die Vorderpfoten, der springt zur Seite, und eine Tasse fällt klirrend zu Boden. »Und die vielen Kinder«, sagt Ingrid, sucht nach der Hundeleine und geht an die frische Luft. Um fünf beginnt ihre Nachtschicht.

Beziehungsgeflechte

> Jeder Einblick in eine Familie eröffnet so viel Geheimnis, mir scheint, von allen möglichen menschlichen Gemeinschaftsformen ist die Familie die eigentlich mystische.
>
> *Klaus Mann, an Heinrich Kurtzig 1928*

Es gibt unzählige Meinungen, Standpunkte und Ideen zu dem Thema »Was macht eine Familie aus?«. Also ist auch die Herangehensweise aller Beteiligter eine andere. Ebenso verhält es sich bei der Frage: »Was macht eigentlich eine Stieffamilie aus?«

Menschen binden sich, Menschen trennen sich. Das ist heutzutage normal. Mit jeder Partnerschaft, in der man unglücklich ist, sinkt die Hemmschwelle, diese zu beenden. Sind aber Kinder involviert, sieht das anders aus. Dann sinkt irgendwann auch die Bereitschaft, sich zu binden. Denken wir an Sabrina zurück. Ihre Ehe ist gescheitert, ihr Versuch, mit Thorsten und den Kindern glücklich in einer Stieffamilie zu leben, scheiterte ebenfalls. Nun trifft sie ihren derzeitigen Partner heimlich und lebt in einer Einelternfamilie.

Trotz aller Chancen, die eine Stieffamilie in sich bergen kann, wird jede zweite Stieffamilie wieder geschieden. Prozentual gesehen also häufiger als Kernfamilien. Nun kann man an dieser Stelle spekulieren: Liegt es daran, daß Stieffamilien unter erschwerten Bedingungen leben? Man sollte aber auch die Frage aufwerfen: Tun sie das wirklich?

Man kann wirklich nicht behaupten, Kernfamilien haben es leichter, Stieffamilien schwerer. Die Konstellationen sind andere, die Akteure andere und die Rahmenbedingungen ebenso. Herausstellen kann man aber die wohl schwierigste zu meisternde Aufgabe in Stieffamilien: die Erziehung der Kinder.

* Häufig gibt es mehrere Erziehende (Vater, Stiefmutter; Mutter, Stiefvater).
* In vielen Familien leben Kinder des einen und Kinder des anderen unter einem Dach.
* Manchmal kommt noch ein gemeinsames Kind hinzu.
* Neue Regeln für das Zusammenleben müssen in die Stieffamilie eingeführt werden.
* Der Stiefelternteil kämpft oft mit Akzeptanz- oder Autoritätsproblemen.

Schauen wir uns daher die Beziehungsgeflechte in Stieffamilien einmal näher an.

Der Balanceakt

Es ist nicht einfach, im Bäckerladen vor einem gutsortierten Brotregal zu stehen, ohne daß der kleinste Zweifel aufkommt, den richtigen Laib im Auge zu haben. Das Zwölfkörnerbrot ist gesund, das Sonnenblumenmischbrot schmeckt besonders lecker, das Baguette ist heute im Angebot, und das Schwarzbrot hält sich immer extrem lange. Was Brot mit Stiefvätern gemein hat? Nichts. Aber da bildhafte Vergleiche zeitweilig helfen können, sich an das Wesentliche heranzutasten, muß also das Brotregal herhalten.

Ebensowenig wie der Verbraucher, der unter unzähligen Sorten wählen muß, sich gewiß sein kann, die »richtige« Entscheidung getroffen zu haben, können sich Eltern heutzutage in dem Glauben zurücklehnen, schon irgendwie die »richtigen« Erziehungsentscheidungen getroffen zu haben. Es gibt mittlerweile unendlich viele, sich zum Teil widersprechende Erkenntnisse über Kindererziehung. Es werden immer mehr,

und sie sind in Form von Büchern, Broschüren und Magazinen für jedermann zugänglich.
So werden allmählich auch die letzten scheinbar gesicherten Erkenntnisse kritisch hinterfragt: daß Scheidungskinder arme kleine Würmer sind, die in ihrem späteren Leben unter der Trennung ihrer Eltern leiden, und daß eine Familie nur dann gesund sei, wenn Mami und Papi eine Familie bleiben – auch dann, wenn die Liebe füreinander längst erkaltet ist. Vergessen wurde dabei bisher oft, daß spätere Probleme von Scheidungskindern nicht zwangsläufig auf die elterliche Trennung zurückzuführen sind, sondern schlicht auf familiäre Mängel, zuwenig Zuwendung, sinnlose Verbote, übertriebenen Leistungsdruck oder beispielsweise Inkonsequenz.
Kindererziehung schüttelt niemand einfach so aus dem Ärmel. Mit Erziehungsfragen plagen sich Väter herum, Mütter, Stiefeltern, Erzieherinnen, Babysitter und Großeltern. Kinder brauchen ganz bestimmte Dinge, um sich gesund und glücklich entwickeln zu können. Diese »Eckpfeiler«, das Sich-aufgehoben-Fühlen und Akzeptiertsein, können sie jedoch sowohl in Einelternfamilien wie in Kernfamilien, Stief- oder Patchworkfamilien finden. Stimmt das jeweilige Umfeld, findet Auseinandersetzung statt und sind alle Familienmitglieder um Fairneß, Achtung und Respekt bemüht (ohne sich dabei zu verbiegen oder zu verleugnen), kann Familie überall funktionieren, wo Erwachsene und Kinder zusammenleben.
Kinder brauchen Liebe, Fürsorge, Regeln, Rituale, Grenzen, Vorbilder, Vertrauenspersonen und zuverlässige Erwachsene. Ebenso wichtig wie eine stabile Partnerschaft in der Stieffamilie sind daher die Erwachsenen-Kind-Beziehungen. Viele Stieffamilien beklagen, daß sie zwar als Familie Zeit miteinander verbringen, es aber häufig, trotz aller Anstrengungen, nicht zu den erhofften individuellen Bindungen käme.
Kinder verlangen nach Gerechtigkeit und Eigenständigkeit, einem Dach über dem Kopf, sie brauchen Freunde und das Gefühl, geborgen zu sein. Sie möchten respektiert und ge-

achtet werden und sie brauchen Aufgaben, an denen sie wachsen können.
Was Kinder jedoch nicht brauchen, sind allzu große Verlustängste, künstliche Liebesbeweise und die Einengung ihrer persönlichen Entwicklung. Kinder dürfen nicht hin- und hergeschubst werden, den Sündenbock spielen müssen, und auf ihrem Rücken dürfen keine »Erwachsenenkriege« ausgetragen werden. Ebenso fatal ist es, die Kinder, die in der Familie leben, ungleich zu behandeln.
Alles, was Kinder brauchen, können sie also in jeder Form von Familie finden. Ebenso wie viele Kinder vieles, was sie nicht brauchen, in jeder Form von Familie finden. Wirklich wichtig ist nur, daß sie die Entscheidungen der Erwachsenen verstehen können, und daß diese sich die Zeit nehmen, ihnen die Gründe für ihre Entscheidungen zu erklären. Auch sehr kleine Kinder, haben wir in den Gesprächen erfahren, kommen meist gut klar damit, in neuen familiären Zusammenhängen zu leben, solange sie begreifen können, warum sie zum Beispiel plötzlich mit ihrer Mutter und deren neuem Partner zusammenwohnen und ihren leiblichen Vater nur noch am Wochenende sehen. Sie sind vielleicht nicht glücklich darüber, aber wenn man ihnen mit viel Geduld das große, für sie erst einmal unbegreifliche Warum erklärt, und ihnen Zeit gibt zu verstehen, fühlen sie sich nicht ausgeliefert und übergangen. Sie haben so zumindest die Chance, sich mit der Situation auseinanderzusetzen, weil sie die Gründe kennen.

Ein Gespräch unter (Stief-)Kindern

BENJAMIN, 14, lebt seit sechs Jahren mit seiner Mutter, ihrem neuen Mann und deren zwei gemeinsamen Kindern, seinen Stiefgeschwistern, zusammen. Seinen leiblichen Vater sieht er nur noch selten. LARA, 13, lebt bei ihrer Mutter und deren neuem Freund und ist am Wochenende bei ihrem Vater und dessen Freundin. Auch sie hat zwei jüngere Stiefgeschwister, einen Bruder bei der Mutter und eine Schwester beim Vater. ANNIKA, 10, lebt bei ihrer Mutter und ihrem neuen Lebenspartner, den sie allerdings nicht besonders mag. Ihr Vater hat eine Freundin. FRANZISKA, 9, hat zwei Zuhause. Eines bei ihrer Mutter, die einen Freund in einer anderen Stadt hat, und eines bei ihrem Vater und seiner neuen Ehefrau. Sonntags ist Wohnungswechsel. Franziska hat eine drei Jahre ältere Schwester. JESSE, 7 (»FAST ACHT!«), wohnt auf eigenen Wunsch bei seinem Vater. Seine Mutter, bei der er jedes Wochenende verbringt, ist neu verheiratet.

Wie nennt ihr den Mann, mit dem ihr und eure Mutter zusammenlebt?

BENJAMIN: Ich sage Papi zu ihm.

ANNIKA: Echt? Wieso das denn?

BENJAMIN: Weil er eben wie ein echter Vater für mich ist. Meinen richtigen Vater sehe ich ja fast nie.

ANNIKA: Und was sagt dein Vater dazu, der findet das doch bestimmt nicht so lustig?

BENJAMIN: Ja, also, ich glaube, er weiß es gar nicht. Wenn ich ihn mal treffe, so ein- oder zweimal im Jahr, dann ist mein Vater ... also, ich meine mein Stiefvater ... ja nicht dabei.

ANNIKA: Das würde ich nie machen, das wäre Verrat für mich. Mein Vater ist mein Vater, und Gerd ist Gerd. Das klingt jetzt doof, aber mein Vater ist irgendwie mehr wert für mich, obwohl ich ihn nicht so oft sehe.

Du meinst, du hast ihn lieber?

ANNIKA: Ja, natürlich liebe ich ihn mehr. Er hat auch immer Zeit für mich, wenn ich ein Problem habe. Wir telefonieren fast jeden Tag. Meine Mutter und mein Stiefvater haben oft keine Lust, mit mir zu reden, und sie schimpfen auch viel mehr.

Was sagst du denn, wenn ihn beim Einkaufen jemand für deinen Vater hält?

ANNIKA: Ganz einfach. Dann sage ich, das ist nicht mein Vater, sondern der Freund meiner Mutter.

FRANZISKA: So was ist aber immer komisch. Ich will deshalb auch nicht so gern, daß mein Stiefvater mich zur Schule bringt. Marlene aus meiner Klasse hat mal gesagt, ich habe gar keinen richtigen Vater, sondern nur zwei halbe.

LARA: Kompliziert ist das manchmal schon, das finde ich auch. Ich sage immer, das ist mein Teilzeitpapi, weil ich ja oft auch bei meinem richtigen Papi bin. Was Besseres fällt mir nicht ein.

Und du, Jesse?

JESSE: Weiß nicht. Ich lebe bei meinem Papa. Ich bin nur am Wochenende bei Mami.

Und was ist der Freund deiner Mutter für dich?

JESSE: Die haben ja geheiratet, das ist Mamis neuer Mann.

Hat dein Vater denn auch eine neue Freundin?

JESSE: Nee, er hat ja mich. Mit mir hat er auch genug zu tun, sagt er. Da war mal eine, aber die mochte Papa wohl doch nicht so gerne.

Wünscht ihr euch eigentlich, daß eure Eltern sich wieder vertragen und ihr als Familie wie früher zusammenlebt?

JESSE: Ja, das wünsche ich mir.

FRANZISKA: Ich mir auch, manchmal. Meine Eltern haben sich aber immer gestritten. Wenn ich traurig bin, daß sie nicht mehr zusammen sind, sagt meine Schwester immer, ich soll doch mal daran denken, wie blöd das war. Dann finde ich das auch jetzt besser.

LARA: Als ich kleiner war, habe ich mir auch immer gewünscht, daß meine Eltern wieder zusammenleben. Aber jetzt nicht mehr. Ist ja auch Quatsch, wenn sie sich nicht mehr vertragen.

Eure Stiefväter, wie sind die denn so?

JESSE: Meiner ist nett, er verbietet mir nie etwas und spielt mit mir Fußball. Das kann Papa nicht so gut.

BENJAMIN: Ich bin auch froh, daß meine Mutter sich so 'nen netten Mann ausgesucht hat.

ANNIKA: Mein Stiefvater ist nicht so toll. Mich hat auch niemand gefragt, ob ich überhaupt mit ihm zusammenwohnen will. Ich fände es, glaube ich, am besten, wenn ich bei meinem Vater leben würde. Aber meine Mutter will das nicht, weil sie meint, er hätte gar nicht genug Zeit für mich, weil er so viel arbeitet.

Was findest du denn blöd an deinem Stiefvater?

ANNIKA: Er sagt mir ständig, was ich machen soll, was ich nicht darf und so. Ich finde, das geht ihn nichts an.

BENJAMIN: Natürlich geht ihn das etwas an. Du bist ein Kind, und er ist ein Erwachsener. Du kannst doch nicht einfach alles machen, was dir gefällt ...

ANNIKA: ... aber meine Mutter sagt dann immer, daß er recht hat. Sie sagt dann auch, ich soll das jetzt so und so machen. Sie ist fast nie auf meiner Seite, sondern immer auf seiner.

JESSE: Erwachsene müssen einem ja auch was sagen können. Zum Beispiel, daß man nicht einfach über die Straße läuft.

ANNIKA: Das ist ja auch was anderes. Aber wenn es um meine Sachen geht, wann ich ins Bett gehe und wie lange ich Fernsehen darf, hat er mir nicht zu sagen. Nur meine Mutter. Ich finde es auch blöd, daß ich immer viel zu früh ins Bett muß. Auch am Wochenende. Dann sagt meine Mutter, sie muß noch soviel machen. In Wirklichkeit sitzt sie dann in der Küche herum und quatscht und quatscht mit Gerd. Oder sie gucken gemütlich Fernsehen.

JESSE: Mein Stiefvater verbietet mir gar nicht so viel. Wenn, dann mehr Mama und Papa.

Findest du das besser?

JESSE: Ja, weil ich sie besser kenne.

Wie ist es denn bei dir, Franziska?

FRANZISKA: Also, meine Mama hatte mal einen Freund, den hat sie nicht mehr. Und jetzt fährt sie manchmal nach Köln, ihren Freund besuchen. Immer, wenn wir bei Papa sind. Aber das ist jetzt ein anderer. Ein Musiker. Der ist nett. Manchmal kommt er auch nach Bremen. Zu Besuch. Aber dann bleibt er nicht lange. Nur mal so ein paar Tage. Dann schläft er auch in Mamas Bett. Meistens machen wir etwas Schönes zusammen, essen gehen oder so.

Und dein Vater?

FRANZISKA: Papa hat eine richtige Frau. Er hat sie geheiratet. Auf die Party durften wir mit. Das fand ich aber nicht so schön. Die Erwachsenen haben sich nicht besonders um die Kinder gekümmert, und irgendwie war ich traurig. Weil auch meine Großeltern nicht da waren und der Rest der Familie. Nur von der Familie von Papas Frau waren ganz viele Leute da, die meisten kannte ich gar nicht. Mama hat uns dann abgeholt.

Warst du traurig, weil dein Papa geheiratet hat?

FRANZISKA: Ja. Mama hat gesagt, weil ich denke, daß jetzt Sara die Frau von Papa ist und nicht mehr Mama. Und das würde ich vielleicht nicht so gerne wollen. Deswegen war ich traurig. Aber jetzt nicht mehr.

JESSE: Meine Mutter hat meinen Stiefvater auch geheiratet. Das fand ich auch blöd. Wegen Papa.

Wieso?

JESSE: Weil er nur noch mich hat.

Hättest du denn auch gern eine Stiefmutter?

JESSE: Nein. Dann hätte Papa nicht mehr soviel Zeit.

BENJAMIN: Aber vielleicht fehlt ihm eine Frau.

JESSE: Das glaub ich nicht.
BENJAMIN: Frag ihn doch mal.
JESSE: Ja. kann ich mal machen.
ANNIKA: Das kann auch ganz okay sein. Die Freundin von meinem Vater ist echt nett. Wenn sie bei meinem Vater zu Besuch ist, mischt sie sich nie ein in meine Sachen.
BENJAMIN: Warte mal ab. Die zieht bestimmt bald bei deinem Vater ein.
LARA: Das glaub ich auch. Meine Eltern haben auch beide einen neuen Freund. Erst kamen beide nur mal so zu Besuch, und jetzt sind sie meine Stiefeltern.
ANNIKA: Papas Wohnung ist dazu viel zu klein.
BENJAMIN: Dann zieht ihr eben um.
ANNIKA: Das würde mein Vater nicht machen.

Wie fändest du das denn, wenn der Musiker bei euch einzieht, Franziska?
FRANZISKA: Also, wir haben auch überhaupt keinen Platz mehr. Mama schimpft jetzt schon immer rum, daß alles so eng ist und wegen dem Spielzeug, das überall herumliegt, und dem Hund, der alles dreckig macht.

Und wenn ihr mehr Platz hättet?
FRANZISKA: Dann ja. Der schimpft bestimmt nicht und kann ganz toll Klavier spielen. Das sagt Fredi auch.

Wer ist Fredi?
FRANZISKA: Meine Schwester, Frederike.

Und wenn er schimpft?
FRANZISKA: Glaub ich nicht. Frederike sagt, daß er bestimmt nett ist, weil Mama ihn ja ausgesucht hat.
BENJAMIN: Wie alt ist deine Schwester eigentlich? Die scheint ziemlich cool zu sein.
FRANZISKA: Die ist schon zwölf.

Könntet ihr euch vorstellen, noch Geschwister zu kriegen?
FRANZISKA: Von Papa und Sara?

Ja. Zum Beispiel.
FRANZISKA: Nicht so gern. Die quäken immer so rum, sagt …
BENJAMIN: … sagt Fredi.
ANNIKA: Bloß nicht. Dann hat Mama ja noch mehr Kinder, und die nerven auch noch.
JESSE: Nee, ich fände das auch nicht so toll. Lieber ohne Babys. Ich bin doch jetzt schon so groß.
LARA: Mein Vater hat noch ein Kind und meine Mutter auch. Klar nervt das manchmal, aber man gewöhnt sich dran.
BENJAMIN: Meine Eltern haben noch zwei Kinder. Die sind jetzt schon fünf und sechs.

Seid ihr manchmal auf eure Stiefgeschwister eifersüchtig?
BENJAMIN: Ein bißchen. Weil mein Stiefvater ja ihr richtiger Vater ist.
LARA: Am Anfang fand ich das sogar gruselig. Meine beiden Halbgeschwister sind ungefähr zur gleichen Zeit geboren, und überall drehte sich immer alles um die Babys. Aber jetzt wird es besser.

Wollt ihr eigentlich später einmal heiraten und Kinder haben?
ANNIKA: Ich würde mir den Mann, den ich heirate, erst mal ganz lange angucken. So zur Probe, weil ich nicht will, daß meine Kinder Eltern haben, die sich scheiden lassen.
LARA: Ja, das würde ich auch. Aber wenn ich mich dann doch nicht mehr mit dem Mann verstehe, würde ich mich auch trennen. Jedenfalls lieber, als wenn wir uns nur streiten würden.
BENJAMIN: Ich habe schon eine Freundin, aber ob ich mal Kinder will, kann ich noch gar nicht sagen.
JESSE: Ich nicht. Ich mag nämlich keine Mädchen.

Unterrichtsfach Familie

Die Gestaltung intakter Stieffamilienverhältnisse scheint nicht einfach zu sein. Jede zweite Stiefehe wird wieder geschieden, bei den unverheirateten Paaren weist die Statistik vergleichbare Zahlen auf. Robert Hettlage, unter anderem Soziologe mit einem Lehrstuhl an der Universität Regensburg, schreibt in seinem Buch *Familienreport, eine Lebensform im Umbruch*, es erstaune eigentlich, daß es keinen »Beruf« gäbe, in den man so vorbereitungslos entlassen würde, wie in Ehe und Familie. Und auch ein Familienrichter, den wir zu diesem Buch interviewten, äußerte sehr ähnliche Gedanken. Er wies darauf hin, daß es in der Schule eine Bandbreite verschiedener Fächer gäbe, von Erdkunde über Physik zu Kunst, Sport und Kochen, niemand aber die Schüler auf die inzwischen höchst komplexen Formen von Partnerschaft oder Familie vorbereite. Über die Belange von Stieffamilien, die speziellen Anforderungen, Probleme und Konsequenzen, so ist zumindest anzunehmen, wird im Unterricht allenfalls zufällig gesprochen.

Eine interessante Idee: ein auf eine Partnerschaft oder Elternschaft vorbereitendes Fach an Schulen. Hettlage schreibt: »Offenbar wird nach der Geschlechts-, der Schul- und der Berufsreife eine allseitige Kompetenz nicht nur zur Familiengründung, sondern zum Führen eines guten Familienlebens und einer gelungenen Ehe vorausgesetzt. Wie die Ergebnisse zeigen, gibt es wohl kaum einen größeren Irrtum.«[7]

Eine zweifache Mutter und einfache Großmutter beschreibt es so: »Meine Eltern haben im vergangenen Jahr ihre goldene Hochzeit gefeiert. Ich war mit dem Vater meiner Kinder immerhin 15 Jahre lang verheiratet, meine Tochter hat sich schon nach sieben Jahren wieder scheiden lassen. Vielleicht werden meine Enkelkinder entweder gar nicht mehr bereit sein, eine feste Partnerschaft einzugehen, oder sie trennen sich schon nach drei Jahren.«

Der immer schnellere Wandel der familiären Strukturen

scheint ein Phänomen unserer Zeit zu sein. Seitdem die Ehe nicht mehr als reine Zweckgemeinschaft angesehen wird, und das ist ungefähr hundert Jahre her, sind Romantik und Liebe die Basis. Beides ist, wie man inzwischen weiß, gelegentlich vergänglich. Hettlage: »Da Ehe als soziale Institution begriffen und kontrolliert wurde, haben sich frühere Generationen – die Betroffenen, ihre Familie und Außenstehende – vor allem um den äußeren Rahmen gekümmert, nicht um die Liebe. Heute halten wir eine solche Lösung für hart, unaufgeklärt und unmenschlich. Deswegen wird weitgehend auf die institutionelle Einbettung, d. h. auf die Kontrolle durch die Gruppe verzichtet. Ehe als völlig privatisierte ›Veranstaltung‹ kann nur noch über Gefühle gesteuert werden. Diese Humanisierung bringt auf der anderen Seite erhebliche Instabilitäten mit sich.«[8]
Es ist also kein Wunder, daß Stiefverhältnisse rapide zunehmen. Erstaunlich ist allenfalls, daß öffentlich immer noch so wenig über sie gesprochen wird. Selbst das Familienministerium, das Zugang zu allen statistischen, empirischen, soziologischen und psychologischen Erkenntnissen hat, behandelt die Stieffamilie immer noch wie eine Randgruppe, deren Rechte berücksichtigt werden müssen – nicht aber wie eine Lebensform, die auch von der Seite des Staates aktiven Gestaltungswillen nötig hat.

Alles eine Frage der Erziehung?

Viele Stiefeltern hadern mit ihren Fähigkeiten in der Kindererziehung, weil sie glauben, daß nur sie allein vor Erziehungsproblemen stehen. Sie denken häufig einfach nicht, daß es leiblichen Eltern genauso ergeht, und so neigen sie dazu, Konflikte mit den Kindern nicht als ganz normale persönliche Auseinandersetzungen zu sehen, sondern als Folge des Stiefverhältnisses. Und schon fühlen sie sich hilflos und unfähig. Allein das Wissen darum, mit diesen Problemen nicht allein

dazustehen, würde Stiefeltern schon ein Stück Verzweiflung nehmen.
Auf der anderen Seite sind Stiefeltern-Probleme und Konflikte natürlich in einigen Bereichen doch anders gelagert als die Probleme leiblicher Eltern. Es ist klar, daß mit dem Einstieg in die neue Familie der Stiefelternteil nicht von Beginn an miterziehen sollte. Das Problem besteht nun in der Gratwanderung zwischen der nötigen Zurückhaltung und der ebenso nötigen Konsequenz. Viele finden intuitiv den richtigen Weg, andere müssen den Rat von Psychologen einholen.
Stiefeltern haben die Möglichkeit, jedenfalls soweit man sie ihnen läßt, sich das Zusammenspiel ihrer neuen Familie erst einmal in Ruhe zu betrachten, ohne schon als Erziehende aktiv werden und Konsequenzen ziehen zu müssen. Sie sind auch gefühlsmäßig meist noch nicht so involviert wie leibliche Eltern. Gerade in der ersten Zeit kann das ihr Selbstbewußtsein stärken.
Stiefeltern können in Erziehungsfragen als wichtige Berater des leiblichen Elternteils fungieren. Stiefväter, die in der ersten Zeit in der neuen Familie ihre Stiefkinder beobachten, haben allen leiblichen Eltern etwas Entscheidendes voraus. Dieses Mal sind nämlich sie diejenigen, die eine Anlaufphase haben. Sie können nicht nur beobachten, sie können auch analysieren. Nico sagt: »Ich war erst einmal lange Zeit damit beschäftigt, die Kinder zu beobachten. Und die Zeit habe ich mir auch bewußt zugestanden, obwohl es oft schwer war, die Klappe zu halten. Aber wenn ich dann abends mit Susanne über unser Beziehungsgeflecht geredet habe, lag ich oft gar nicht so falsch. Und Susanne war mir dankbar, weil sie häufig so distanzlos im Gemenge steckte.«
Die anfangs distanzierte Position von Stiefeltern kann eben auch ein Vorteil sein. Eltern sind bekanntlich oft blind, wenn es um die eigenen Kinder geht. Das Miteinander hat sich eingespielt, und sie meinen, ihr Kind genau zu kennen. Sie haben aufgehört, bestimmte Verhaltensweisen ihrer Spröß-

linge zu hinterfragen, haben ihre Schubladen (»Das macht er, weil er mal wieder seine Grenzen austesten will«) und urteilen mitunter zu voreilig. Das ist fatal, denn eine Interpretation ist ohne objektiven Blick nicht sinnvoll; man kann komplett schiefliegen.

Eine tiefergehende Analyse ist für einen Außenstehenden wie den Stiefvater eher möglich. Es kann absolut positiv für eine Stieffamilie sein, ihn das Verhalten der Mutter zu ihren Kindern »beurteilen« zu lassen. Er agiert dann als »integrierter Zuschauer«, und seine Beobachtungen können der gesamten Familie bei der Analyse der Verhaltensweisen untereinander hilfreich sein. Insofern sollte er von seiner Beraterfunktion unbedingt Gebrauch machen (es sei denn, die Partnerin wünscht es ausdrücklich nicht), denn der Blick von außen kann in Beziehungsgeflechten einiges zur Klärung und Harmonisierung beitragen.

»Ich habe immer gedacht, mein Sohn hat ein Problem mit Frauen«, erzählt eine Mutter. Er habe immer ein besseres Verhältnis zum Vater gehabt, zum Großvater, zu gleichgeschlechtlichen Kindern. Als dann der Stiefvater in die Familie kam, fühlte diese Mutter sich in ihrer Beobachtung absolut bestätigt. Nach kürzester Zeit hatten Stiefvater und Stiefsohn eine so unkomplizierte, offene und vertrauensvolle Beziehung, von der die Mutter nur träumen konnte.

Der Stiefvater war derjenige, der erkannte, daß das nicht am Geschlecht liegen mußte, sondern an der Art, wie die Mutter mit ihrem Sohn umging. Sein Empfinden war: Bei Streitereien zwischen den Geschwistern mischte sie sich viel zu früh und viel zu häufig ein. Außerdem kritisierte sie die Spiele des Jungen, weil sie Gewehre und Soldaten als schlechte Spielzeuge ansah, ließ den Jungen mit seinen Freunden nicht ungestört raufen, verstand seine Leidenschaft für Monster nicht und behütete ihn viel zu sehr.

Der Stiefvater lag mit seiner Analyse ganz richtig, sagt die Mutter heute. Je mehr sie von ihrer Kontrollfunktion abrückte,

desto entspannter wurde ihre Beziehung zum Sohn. Inzwischen – nachdem sie ihr Verhalten geändert hat – hat sie sehr viel mehr über ihr schwieriges Verhältnis zu ihrem Kind herausgefunden: Es habe wohl auch daran gelegen, daß sie immer wieder einen Vater-Sohn-Vergleich herstellte. Sie hatte Wesenszüge und Charaktereigenschaften des Vaters in ihren Sohn hineininterpretiert. Und den Vater hatte sie längst in der Macho-Schublade untergebracht. Zwangsläufig begann sie, bei ihrem Sohn gegenzusteuern. »Das war ein Prozeß, bei dem ich wirklich nach und nach begriff – immer über die Gespräche mit meinem Freund –, was da im argen lag.«
Übrigens: Ist ein Stiefvater schon selbst zu sehr als Familienmitglied verstrickt, können auch Außenstehende gelegentlich die Zuschauerrolle einnehmen. Man kann im Zweifel beispielsweise einen Freund, eine Freundin oder einen Verwandten, der die Umstände und den Lebensalltag näher kennt, nach seinen Eindrücken fragen. Zu diesen Beobachtern von außen raten Psychologen auch Kernfamilien, die das Gefühl haben, etwas innerhalb der Beziehungen in der Familie verändern zu müssen.

Stiefväter auf Distanz

Erik hat sich verliebt. In Almut, eine Mutter dreier Kinder. Er will die Verantwortung für die Kinder aber nicht in dem Maße tragen, wie es mit einer Stieffamiliengründung der Fall wäre. Er hat seine Wohnung behalten. Almuts Jungs, 10, 13 und 15 Jahre alt, finden das in Ordnung. Erik ist ein gerngesehener Gast in der Einelternfamilie. Die Kinder freuen sich, wenn er kommt, es stört sie nicht, wenn er bei ihnen übernachtet, und ebensowenig, wenn er wieder nach Hause geht.
Almut berichtet, daß Erik trotz seiner Single-Ansprüche für sie und die Kinder ein absolut verläßlicher Partner ist. Er geht sehr höflich mit den Kindern um und auf ihre Bedürfnisse ein

und hat seinen Besucherstatus noch nie verletzt. Wenn er mit den Kindern etwas unternehmen will, verabredet er sich mit ihnen. »Dem Kleinen gibt Erik regelmäßig am Dienstagabend Nachhilfeunterricht. Das hat er noch nie ausfallen lassen. Und er geht auch ohne mich mit den Kindern ins Kino oder Theater. Ich genieße die kinderfreie Zeit immer noch, obwohl meine Jungs ja schon ziemlich groß sind. Im vergangenen Frühjahr ist Erik mit den dreien nach Schweden gefahren. Dort haben sie zehn Tage Angelurlaub gemacht. Meine Kinder hängen sehr an ihrem leiblichen Vater, der sich leider viel zu wenig um sie kümmert. Das ist das einzige Problem in unserer Familie. Jesse, mein Kleiner, fragt manchmal, ob Erik nicht bei uns wohnen will. Zur Zeit sind wir aber eben genau in dieser Konstellation glücklich miteinander, und das schon viele Jahre. Wir haben beide Angst, etwas zu riskieren, was alles kaputtmachen könnte. Meine Kinder profitieren so wahrscheinlich mehr von Erik. Wer weiß, ob es gutginge, wenn wir zusammenleben würden.« Und Erik sagt, er genieße sowohl die Stunden mit Almut, die gemeinsamen Stunden mit den Kindern, als auch seine Freiheit.

Solche eher losen Bindungen gibt es aus vielen Gründen eher selten. Einer der wichtigsten: Die meisten Menschen sehnen sich nach einem »Nest«. Selten können beide Partner, so wie Almut und Erik, Freiheit und Partnerschaft gleichzeitig genießen. Außerdem läßt die finanzielle Situation der meisten Menschen solche Zwei-Wohnungen-Stieffamilien gar nicht zu.

Man mag diese räumliche Distanzwahrung als feige oder zumindest inkonsequent betrachten, Erik und Almut sehen darin einen deutlichen Vorteil: Erik konkurriert nämlich schon deshalb nicht mit dem leiblichen Vater, weil er sich nie in eine Vaterrolle hineinbegeben hat. Und obwohl der Vater der Jungen sich nach Almuts Aussage nur sporadisch um sie kümmert, hält Erik sich heraus. Zumindest »vor den Augen und Ohren der Kinder«, wie er sagt. Eriks Zurückhaltung wäre im übrigen auch dann ratsam, wenn er mit den Kindern unter einem Dach leben würde, denn offenbar konkurrieren die Mutter und ihr Exmann in Erziehungsfragen stark miteinander. Konkurrenz der Erziehenden untereinander spüren die Kinder, und es verunsichert sie. Denn sie empfinden ja für beide Elternteile etwas. Treten nun auch noch die Stiefväter auf den Plan und hauen in die gleiche Kerbe, verletzt es die Kinder natürlich. In den meisten Fällen werden sie sich von ihren Stiefvätern abwenden oder innerlich distanzieren. Denn auch wenn Mamas neuer Mann nett ist und mit am Frühstückstisch sitzt – ihren leiblichen Vater schlechtmachen lassen wollen sie sicher nicht.

Wenn schon, denn schon ...

Irgendwann ist in Stieffamilien die Schonfrist der neugierigen und distanzierten Beobachtung vorüber. Die Kinder wollen den neuen Mitbewohner als echtes, erwachsenes Gegenüber, die Mutter möchte in Erziehungsfragen nicht mehr nur kommentatorisch begleitet werden, und der Stiefvater selbst will »ein Wörtchen mitreden«. Jetzt ist wohlüberlegte Konsequenz gefragt. Ein scheinbar läppisches Beispiel: Die Kinder verlangen nach einem Eis, der Stiefvater sagt nein. Dafür mag er unterschiedliche Gründe haben. Die Kinder hatten vielleicht schon einen Schokoriegel, oder er hat festgestellt, daß sie viel zu oft bekommen, wonach sie verlangen, und er möchte das Eis wieder zu etwas machen, worüber die Kinder sich freuen können. Hat er diese Antwort erst einmal gegeben, kann er die Gründe dafür erklären, aber er sollte dabei bleiben. Nur so können Erwachsene sich zu verläßlichen Größen im Leben ihrer Kinder entwickeln.
Oder: Wenn ein Stiefvater mit seinen Kindern etwas abspricht, beispielsweise: »Ihr könnt jetzt noch die Sesamstraße gucken, und danach geht ihr ins Bett«, dann sollte das »Da-

nach« nicht mehr allzu lange hinausgezögert oder strapaziert werden. Besser noch ist es, kunstvoll inszenierten Verzögerungen von vornherein nicht so viel Platz zu lassen. Zum Beispiel so: »Nach der Sesamstraße zieht ihr euch einen Schlafanzug an, putzt die Zähne und geht ins Bett. Eine Geschichte vorlesen kann ich euch dann nur noch, wenn ihr schnell seid, weil es sonst zu spät wird.«

Kinder lieben es, gerade vor dem Zubettgehen noch alles, was irgend möglich erscheint, herauszukitzeln. Sie bekommen von einer Sekunde auf die nächste Bauchschmerzen, haben plötzlich schrecklichen Durst oder verspüren auf einmal einen mordsmäßigen Hunger. Sie putzen mit einer Besessenheit ihre Zähne, als gäbe es nie wieder Zahnpasta. Dann wieder suchen sie plötzlich ein ganz bestimmtes Kuscheltier, ohne das sie unmöglich einschlafen können, obwohl eben gerade dieses Kuscheltier seit Wochen verschwunden ist. Ihre Trickkiste ist schier unerschöpflich. Damit wollen sie zwar Vorteile für sich herausschlagen, stellen die Erziehenden aber auch auf die Probe. Sie testen aus, suchen Grenzen. Kinder sind clever und schlau genug, eben genau nach dem verschollenen Kuscheltier zu suchen, weil sie wissen, wie lange sie die Eltern mit der Suche danach beschäftigen können. Es könnte sogar sein, daß sie selbst wissen, wo es sich versteckt hält.

Teenager haben andere, aber nicht minder einfallsreiche Tricks. Sie verspüren urplötzlich den Wunsch, noch Vokabeln zu lernen, obwohl sie womöglich nichts mehr hassen als Schularbeiten. Sie werden sogar gesprächig, wenn sie ins Bett sollen, und schneiden von allein Themen an, die ihnen in der Regel völlig verhaßt sind, wie beispielsweise das eigene Seelenleben.

Alles ganz normal, so was kommt in der besten Familie vor. Kniffelig wird die Situation allerdings, wenn Kinder das Argument »Du darfst mir gar nichts sagen, du bist nicht mein Vater« entdecken. Darauf die passende Antwort parat zu haben, ist zugegebenermaßen nicht einfach. Ein Vorschlag:

Kommt das Argument häufiger, versuchen Sie es mit einem grundsätzlichen Gespräch – mit oder ohne die Mutter, wie Sie es für besser halten. Machen Sie den Konflikt zum Thema. Streiten verbindet. Erklären Sie noch einmal, warum Sie auf bestimmten Dingen bestehen, und handeln Sie mit Ihrem Stiefkind aus, wo und wann Sie Vorschriften machen und wann nur ihre Mutter zuständig ist. Sonst fühlen sich die Kinder nicht ernst genommen. Keine Sorge, wenn Sie nicht als Bittsteller, sondern als faires Gegenüber auftreten, werden Sie bei den Kindern nicht an Respekt verlieren. Im Gegenteil: Die Kinder erfahren so, daß Sie nicht einfach den Vorteil des Erwachsenseins ausnützen, sondern an einem möglichst gleichberechtigten Miteinander interessiert sind. Bedenken Sie dabei allerdings, mögliche Ausnahmesituationen vorab zu klären, beispielsweise wenn Ihre Partnerin nicht im Haus oder gerade nicht verfügbar ist. Dann müssen Sie sich darauf berufen können, getroffene Abmachungen durchsetzen zu dürfen. Am besten können Kinder mit Maßregelungen oder Verboten umgehen, wenn man ihnen eine Begründung mitliefert.

Jeder Stiefvater hat, wie auch jeder Vater, seine eigenen Wertmaßstäbe, »Methoden« und Grenzen der Belastbarkeit. Wichtig in jedem Fall: nicht die Geduld verlieren. Stiefväter sollten sich, zumindest anfangs, lieber irgendwie abzugrenzen versuchen als mit übereifriger Autorität durchzugreifen. Nicht aber einzig aus einem Harmoniebedürfnis heraus. Streiten ist erlaubt und kann durchaus positiv sein, bleibt man beim Streitpunkt. In einem späteren Kapitel beschreiben wir die Mediation, die zwar keine Zauberformel ist, aber auch einer Stieffamilie helfen kann, Konflikte zu lösen.

Von Zeit zu Zeit kann ein Erziehender durchaus auch mal weggucken, beispielsweise wenn er sieht, daß noch ein ganz schwacher Lichtstrahl durch die Türritzen des Kinderzimmers in den unbeleuchteten Flur hineinscheint, weil die Taschenlampe unter der Bettdecke brennt. Aber wer hinguckt, muß

handeln. Wer Absprachen trifft, muß konsequent dafür sorgen, daß einmal getroffene Absprachen eingehalten werden – das ist zwar ein Kraftakt, aber er lohnt sich.
Kinder, die in einer Stieffamilie aufwachsen, haben den Vorteil, daß sie in zwischenmenschliche Beziehungen einzusteigen lernen und aus sich heraus Nähe herstellen. Und diese Chance sollte man ihnen nicht verwehren.

Der Geschenke-Onkel

Auch wenn die meisten Kinder sich über materielle Dinge freuen, so sollten Stiefväter unbedingt davon Abstand nehmen, sich die Liebe der Kinder erkaufen zu wollen. Sicherlich werden Präsente die Kinderaugen zum Leuchten bringen, und der Stiefvater steht, ob der goldlockigen Barbie, auch für kurze Zeit als Held da. Er wird geherzt und geliebt werden. Die materielle Ebene hat aber in zwischenmenschlichen Beziehungen bekanntlich nur kurzfristig Bestand. Das Kind wird den Stiefvater zukünftig so sehen, wie er sich dem Kind präsentiert, als der nette Bringonkel, der mit Spendierhosen herumläuft. Zwangsläufig wird ein Kind beginnen, genau das, was Bestandteil der neuen Beziehung ist – nämlich materielle Werte –, einzufordern. Dieses Spielzeug oder jenes Kleid. Das wiederum wird den Stiefvater unter Druck setzen, und er wird die Lust daran verlieren, immer weniger kaufen und das Kind indirekt damit enttäuschen. Er selbst wird das Kind vielleicht als undankbar empfinden und sich schlußendlich nur mit einem verhärteten Problem konfrontiert sehen.
Es spricht überhaupt nichts dagegen, ein Stiefkind mit einem Geschenk zu überraschen. Im Gegenteil. Ein persönliches Geschenk kann eine Beziehung bereichern. Auf keinen Fall aber sollte eine Beziehung zwischen Stiefvater und Stiefkind über materielle Dinge definiert werden.

Ein Beispiel (ausnahmsweise aus der Sicht eines Vaters und Exehemannes):
Björn (40) ist Vater von vier Kindern. Seine Exfrau hat im vergangenen Jahr wieder geheiratet und ist mit den Kindern zu ihrem Mann in eine andere Stadt gezogen. Durch die große Entfernung kann Björn seine Kinder – sie sind 15, 11, 8 und 6 Jahre alt – nur noch an jedem zweiten Wochenende sehen, was er sehr bedauert und worunter er auch seelisch leidet. Er hat in Oldenburg einen Buchladen, kann also auch nicht nach München ziehen, wo seine Kinder jetzt leben.
Björn war immer sehr bemüht, seinen Kindern etwas zu bieten: Skiurlaube, eine Kunstausstellung, ein Zirkusbesuch, kurzum, er unternimmt mit ihnen viele »schöne Dinge«. Zum einen, weil es ihm selber Spaß macht, zum anderen, weil er eine bestimmte Lebensphilosophie und einen Erziehungsanspruch damit verknüpft. So erlaubt er zwar Computerspiele und Fernsehen, aber eben nur in Maßen, er bemüht sich um eine gesunde Ernährung, und er liebt die Natur – etwas, was ihm so wichtig ist, daß er es an die Kinder weitergeben möchte. Björns Buchladen läuft sehr gut, finanziell ist er in der Lage, den Kindern viele Dinge wie beispielsweise Tennisspiele oder Ballettunterricht zu ermöglichen, er legt aber Wert darauf, daß sie sich in gewissen Dingen auch bescheiden können.
Nun unterscheiden sich die Maßstäbe des neuen Stiefvaters extrem von denen Björns. Der Stiefvater verdient als angesehener Bankier in einer gehobenen Position sehr viel Geld. Und seit dem Umzug nach München leben Björns Kinder in der Stieffamilie »in Saus und Braus«, wie Björn es formuliert, absolut konträr zu den Idealen, die er versucht hat, ihnen mit auf den Weg zu geben. Dadurch, daß die Stieffamilie finanziell noch sehr viel besser gestellt ist, hat sich für die Kinder ein neuer, aufregender Luxus aufgetan: schicke Hotels, Swatch-Uhren, Doc Martens; und den alten Super-Nintendo haben sie längst gegen die modernere Play-Station ersetzt. Statt Voll-

kornbrot gibt es in München Pommes. Die Kinder berichten von immer neuen materiellen Verheißungen des Stiefvaters, der, so erscheint es Björn, deren Liebe zu erkaufen versucht. Und die Mutter, sagt er, unternehme keine Anstalten, erzieherisch gegenzusteuern. »Man kann regelrecht zusehen, wie die Ansprüche der Kinder sich steigern. Selbst der neue Mann meiner Exfrau hat sich schon genervt darüber geäußert, daß die Kinder sich nicht mehr über seine Geschenke freuen, sondern sie in die Ecke pfeffern und das nächste wollen. Ich meine, ich könnte mich ja darüber freuen, daß die Beziehung meiner Kinder zu ihrem Stiefvater auf so bröckeligen Füßen steht. Aber es freut mich nicht, zumal ich zusehen muß, wie sie sich in eine Richtung entwickeln, die für sie nicht gut ist.«

Er habe wenig Handhabe, das Problem zu lösen, sagt Björn, aber er gebe sich Mühe, nicht gegen den Stiefvater zu hetzen. Zudem versuche er immer wieder, seiner Exfrau zu erklären, wie wichtig ihre Vermittlerrolle in dieser Frage ist.

Diese Geschichte macht dreierlei deutlich: Erstens droht der Reiz des Geschenke-Onkels schon nach kurzer Zeit zu verblassen, und das »Kaufverhalten« könnte die neue Stieffamilie in der Zukunft eher belasten als harmonisieren. Zweitens: Wenn die Erziehungsansätze so unterschiedlich sind, erschwert das natürlich die Lebensumstände von Trennungskindern. Und drittens, wenn Regeln und Gewohnheiten plötzlich nichts mehr zählen, haben Kinder (wie Erwachsene auch) das Gefühl, den Boden unter den Füßen zu verlieren.

Häufig resultiert das »Liebe gegen Geschenke« aus der Unsicherheit der Stiefväter, der Angst, den neuen Anforderungen nicht gerecht zu werden. Und es macht den unbewußten Wunsch, das Herz der Kinder möglichst schnell zu gewinnen, deutlich.

Er mag mich, sie mag mich nicht

Ein leiblicher Vater übernimmt ab der Geburt seiner Kinder bestimmte Rollen innerhalb der Familie. Er ist der Strenge oder der Gütige, der Verständnisvolle oder der Vorbildliche, er spielt mit seinem Sohn Fußball, aber mit seiner Tochter nie Modenschau. Letzteres ist vielleicht nicht so gut, aber leider an der Tagesordnung.

Ein Stiefvater beginnt in etwa bei Null, wenn er die schon mehr oder weniger herangewachsenen Kinder kennenlernt. Und auch bei ihm wird es so sein, daß er mit einigen Familienmitgliedern mehr Interessen teilt, mehr Berührungspunkte hat, als mit anderen. Auch das ist normal. Aber vielen Stiefvätern bereiten solche Zuneigungstendenzen Bauchschmerzen. »Samstags morgens kaufe ich immer ein, und Susanne macht die Hausarbeit, damit wir dann das restliche Wochenende Zeit als Familie und für Unternehmungen haben«, erzählt Nico. »Ole kommt oft mit in den Supermarkt, Paula nie. Sie klebt zu sehr an ihrer Mutter. So geht es mir mit vielen Dingen. Ole und ich haben viel gemeinsam. Wir mögen die gleichen Gesellschaftsspiele, kicken gern oder puzzeln. Das einzige, was Paula liebt, ist mit mir Zirkus zu spielen.«

Nico bedauert nicht nur, daß seine Beziehung zu Ole immer inniger und zu Paula nicht unproblematischer wird. Für ihn ist es ein echtes Problem, das ihn an seinen stiefväterlichen Fähigkeiten zweifeln läßt. Er bemüht sich sehr um eine tiefere Bindung zu Paula, spielt immer wieder Zirkus mit ihr, kommt aber dennoch nicht an sie heran. »Sie spürt wohl, daß ich in Wahrheit keine Lust habe, ihr Pferd oder ein zahmer Löwe zu sein.« Inzwischen hat er aufgegeben und kümmert sich wieder überwiegend um seinen Stiefsohn.

Dilemmas dieser Art beschreiben viele Stiefväter, und wie im Falle von Nico liegt das Problem manchmal weniger beim Stiefvater als bei der Mutter. Sie ist nämlich diejenige, die seine

Beziehung zur Tochter wirklich wollen und zulassen muß. Susanne: »Als Nico mit seinem Kummer zum soundsovielten Mal bei mir ankam, ist der Groschen gefallen. Weil ich bemerkt hatte, daß sein Draht zu Ole besser war als meiner, wollte ich wenigstens Paula für mich. Ich habe ihm gar keinen Platz gelassen, mit ihr warm zu werden.«

Nico und Susanne beschlossen, die Kinder immer mal zu splitten, so daß Nico mit Paula und Susanne mit Ole etwas unternehmen konnte. »Wenn ich ehrlich sein soll, ist es zwar immer noch so, daß ich mehr mit Ole anfangen kann. Aber mein Verhältnis zu Paula ist immerhin entspannter geworden.«

Ein Rezept, wie ein Stiefvater gerecht Liebe und Aufmerksamkeit verteilen kann, gibt es so wenig wie für leibliche Väter. Es gibt Kinder, die um die Gunst von Stiefvätern buhlen, und wenn ihre Annäherungsversuche nicht erwidert werden, fühlen sie sich zurückgesetzt. Es gibt Kinder, die ihren Stiefvater immer wieder zurückweisen und dennoch heimlich enttäuscht sind, wenn er sich deshalb nicht mehr so intensiv um sie bemüht. Kinderseelen sind verletzlich und nicht unbedingt berechenbar.

In all diesen Fällen ist wieder einmal die Geduld der Stiefväter gefordert. Viele haben nämlich noch immer den fatalen Hang, bei den ersten Schwierigkeiten in den individuellen Beziehungen zu den Stiefkindern ihrem provisorischen Status in der Familie die Schuld zu geben. Also preschen sie vor und versuchen das Glück zu erzwingen. Oder aber sie stecken den Kopf nur noch in die Zeitung statt gelegentlich auch in das Kinderzimmer.

Wenn es überhaupt einen allgemeingültigen Ratschlag zu dem Problem gibt, dann diesen: Dosierte Verläßlichkeit ist besser als ungestümes Bedrängen. Viele Stiefväter tendieren dazu, Überfliegerväter sein zu wollen. Von diesem Anspruch sollten sie sich verabschieden. Solange ein Stiefvater dem Kind offen begegnet, und das über einen längeren Zeitraum hinweg, wird das Kind ganz bestimmt irgendwann von selbst kommen. In manchen Stieffamilien kann das Jahre dauern. In den meisten Fällen aber geht es schneller.

Müssen Stiefväter lieben?

Natürlich ist es optimal, wenn es viele Interessen gibt, die Stiefväter und Kinder teilen. Im Fall von Nico und Ole ist es toll, daß beide gerne Fußball spielen. Ergeben sich aber solche zufälligen Interessengemeinschaften nicht, ist davon abzuraten, zwanghaft nach Gemeinsamkeiten zu suchen. Kinder spüren gespieltes Interesse von Erwachsenen. Nico täte weder sich noch Paula einen Gefallen, stundenlang mit ihr Zirkus zu spielen, obwohl er absolut keine Lust dazu hat. Statt dessen sollte er darüber nachdenken, ob es Aktivitäten gibt, die beiden Spaß machen, und günstige Gelegenheiten (im Falle eines auf die Mutter bezogenen Kindes zum Beispiel, wenn seine Partnerin mal nicht zu Hause ist) nutzen, diese Aktivitäten vorzuschlagen. Das setzt natürlich voraus, daß Stiefväter sich zumindest innerlich mit dem Kind beschäftigen, es beobachten und sich mit der Partnerin über seine Kontaktschwierigkeiten austauschen.

Ein Stiefvater ist ein Familienmitglied mit Bedürfnissen, Gefühlen und Ansprüchen wie alle anderen auch in der Gemeinschaft. Wenn er es leid ist, im Wohnzimmer ständig über Barbie-Swimmingpools und Puppenkleider zu steigen, um an die Fernbedienung seines Fernsehers zu gelangen, ist es sein Recht, seine Stieftochter sanft, aber direkt darauf aufmerksam zu machen, daß sie ein Kinderzimmer hat – auch dann, wenn der Draht zu ihr (noch) nicht der beste ist. Ignoriert sie permanent seinen Freiraum, muß er sich durchsetzen.

»Nur wie?« fragen sich viele Stiefväter, die in dieser Situation nicht auf den Tisch hauen wollen, sondern denen es um

Einsicht und ein gesundes Miteinander geht. Oft werden über vordergründige Konflikte und Provokationen nämlich ganz andere Kämpfe ausgefochten. Auch wenn es hart klingt: Es ist extrem wichtig, sich im klaren darüber zu sein, welche Gefühle man seinem Stiefkind entgegenbringt, und zumindest langfristig jedenfalls ist es ein Fehler, sie »um des lieben Friedens willen« zu beschönigen. Kinder kommen in der Regel mit Gradlinigkeit, solange sie nicht verletzend vorgetragen wird, besser klar, als mit gekünstelter Zuneigung.

Walter ist seit vier Jahren Stiefvater. Er hat seine Rolle akzeptiert, obwohl er, wie er sagt, lieber noch Vater wäre. Er hat sich das Gesicht von seiner Stieftochter zerkratzen lassen, er hat viele Verletzungen eingesteckt und diverse Kämpfe mit seinen beiden Stiefkindern ausgefochten. In den ersten beiden Jahren konnte er das Mädchen »fast nicht ausstehen«, sagt er, fühlte sich von ihr erniedrigt, hatte Angst vor ihren heftigen Reaktionen und litt gleichzeitig unter Schuldgefühlen, sie nicht lieben zu können. Schließlich, meinte er, sei es seine moralische Pflicht als Erwachsener gewesen, über seinen Schatten zu springen, seine negativen Gefühle zu unterdrükken und immer wieder auf seine Stieftochter zuzugehen. Irgendwann gab er auf und bemühte sich nur noch, fair zu sein. Durch diese Erfahrung, glaubt Walter, sei er zwar pragmatischer, aber nicht unbedingt liebloser im Umgang mit dem Kind geworden. »Manchmal wünsche ich mir auch heute noch, ich könnte immer meinen Kopf als dritte Instanz einschalten. Dann würde der Kopf auf unsere Familie hinabblicken, und ich wäre weit genug weg, gelassen zu handeln.«

Seine Distanz, das Sich-Freimachen von spontanen Haß- und Wutempfindungen sind es, die Walter immer wieder in Krisensituationen geholfen haben, einen Weg zu finden. Und sie sind gleichzeitig sein persönlicher Schutz, wenn er als Stiefvater mal wieder auf das Abstellgleis gestellt wird. Es ist aber sicherlich auch die Tatsache, daß der Stiefvater Gefühle wie

Wut und Haß zugelassen hat, die ihm zudem immer wieder geholfen haben, sich in der Familie zurechtzufinden.
Walter steckt in einer ähnlichen Wohnsituation wie Nico. Seine Stiefkinder leben auch bei Mutter und Vater. Er hat sich mit seiner schwierigen Rolle abgefunden, sie akzeptiert. »Ich bin nicht der Vater. Es sein zu wollen, hat mich monatelang unter Druck und negativen Streß gesetzt. Das habe ich abgehakt. Aber das allein reicht ja nicht. Denn die Probleme in meiner Rolle bleiben ja. Auch wenn ich nur eine Nebenrolle spiele, spielt sie sich nicht von allein. Und leider habe ich bisher noch nicht das Allheilmittel gefunden. Das einzige, was mir bei der Erziehung und im Miteinander wirklich hilft, ist Konsequenz. Im positiven wie im negativen Sinne. Wenn ich verspreche, einen Ausflug mit den Kindern zu machen, dann versuche ich, dieses Versprechen einzuhalten, ebenso wie ich versuche, einmal gemachte Verbote durchzuhalten. Auch wenn es schwer ist.
Meine Frau ist mit wahnsinnig viel Emotionen bei der Sache, wenn es um ihre Kinder geht. Manchmal ist sie regelrecht blind. Ich kann ihr da, weil ich anders in diese Familie involviert bin, ganz gut zur Seite stehen. Ich habe angefangen, die positiven Seiten an unserer etwas anderen Familie zu entdecken. Die freie Zeit zum Beispiel, die wir für uns als Mann und Frau haben, wenn die Kinder bei ihrem Vater sind. Diese Zeit tut uns immer wieder gut. Sie gibt uns beiden Kraft, den Kindern wieder neu zu begegnen, nachzudenken, in Ruhe und nicht zwischen Hausaufgaben und dreckiger Wäsche reden zu können und uns auszutauschen. Ich kann mich an der Offenheit erfreuen, die es wohl nicht in allzu vielen Familien in dieser Form gibt, und ich bin oft überrascht über die Klarsicht, die meine Stiefkinder schon mit gerade acht und zehn Jahren haben. Ich denke, das ist auch ein Produkt unserer Bemühungen.
Inzwischen weiß ich, daß ich, obwohl ich nicht wirklich Vater bin und sein kann, trotzdem mit meinen beiden Stiefkindern

glücklich bin. Obwohl ich die Kinder nie direkt gefragt habe, ob sie mich mögen, weiß ich genau, daß ich ihnen etwas bedeute und eine wichtige Vertrauensfigur für sie bin. Sie überraschen mich oft aus heiterem Himmel mit irgendeiner Nettigkeit, ganz plötzlich, so wie nur Kinder es können.«

Es gibt viele Stiefeltern, die ihr Stiefkind nie so lieben können, wie sie es sich wünschen würden (ein häufiger Grund, warum Stieffamilien wieder zerbrechen). Davon einmal abgesehen, daß Stiefväter sich keine Vaterliebe antrainieren können und auch nicht sollten, eben weil sie keine Väter sind, ist es unsinnig, an seinen nicht vorhandenen Gefühlen zu verzweifeln. Solche vermeintlichen Gefühlsmängel sind häufiger Thema in Stiefverhältnissen, als es den Beteiligten erscheinen mag. Ein Stiefvater hat sich schließlich in seine Partnerin verliebt, nicht in ihre Kinder. Und so wie es im normalen Leben Sympathie und Antipathie zwischen Menschen gibt, so gibt es sie auch in Stieffamilien.

Magdalena erzählt: »Mein Exmann hatte, bevor wir heirateten, schon zwei Kinder mit zwei verschiedenen Frauen. Annika war, als ich sie kennenlernte, etwa vier Jahre, der kleine Franz war eineinhalb. Sie kamen oft zu Besuch zu uns. Wir waren also eine Wochenendstieffamilie. Manchmal kamen sie gemeinsam, in den Ferien zum Beispiel, sie waren aber auch stellenweise allein bei uns. Mein Exmann und ich bekamen dann noch ein Kind, was aber auf die Besuche von Franz oder Annika keinen Einfluß hatte. Mit beiden meiner Stiefkinder habe ich in etwa gleich viel Zeit gemeinsam verbracht, etwa gleich viele Urlaube erlebt, beiden Kindern ähnlich viele blutige Knie verbunden und Gutenachtlieder gesungen. Und dennoch: Zu meinem damaligen Stiefsohn Franz konnte ich keine Beziehung herstellen. Und Annika, die ich noch manchmal sehe, obwohl ich von ihrem Vater inzwischen geschieden bin, ist mir total ans Herz gewachsen. Natürlich weiß ich, daß viele Komponenten eine Rolle spielten. Annika war schon vier Jahre alt, als ich sie kennenlernte, sie ist ein

Mädchen und Franz sehr männerfixiert. Auch haben beide Mütter sehr verschiedene Auffassungen von Erziehung und so weiter und so weiter. Trotzdem bin ich überzeugt, daß es auch ganz einfach etwas mit Sympathie zu tun hat.«
Leidet ein Stiefvater unter dem Problem, mit einem Kind, das er nicht wie sein eigenes liebt, unter einem Dach zu leben, wird es irgendwann auch für das Kind ein Problem werden, weil es den Druck, unter dem ihm der Stiefvater begegnet, spürt. Dieser Konflikt ist einer der häufigsten, mit denen sich Stieffamilien an Familientherapeuten oder Psychologen wenden. Häufig scheitern Stiefeltern in ihrem Versuch, eine positive Beziehung zum Kind herzustellen, weil sie sich von dem Kind mit aller Kraft abgelehnt fühlen. Da sie aber als Erwachsene weitaus besser in der Lage sind zu reflektieren, setzen sie sich selbst unter einen ungeheuren Druck, diesen »unerträglichen« Zustand für alle Beteiligten sofort beenden zu wollen. Daß sie nicht an ihre Stiefkinder herankommen, läßt die meisten schier verzweifeln und nimmt ihnen die Hoffnung, in und mit der Stieffamilie glücklich zu werden. Meistens leiden sie zudem noch unter einem schlechten Gewissen, machen sich dafür verantwortlich, fühlen sich an diesem Punkt hilfloser als je zuvor und wissen irgendwann nicht mehr, was sie überhaupt noch unternehmen können.

Es bleibt dabei: Liebe ist nichts, was man erzwingen kann. Sie ist da oder nicht. Und wenn Stiefväter keine starken Gefühle haben, sollten sie sich keine Vorwürfe machen. Ihnen bleibt das, was ein gesundes Stiefvater-Kind-Verhältnis ausmacht und ebenso wertvoll sein kann: eine Bindung aufzubauen, die von Herzlichkeit, Freundschaft und sozialer Verläßlichkeit geprägt ist. Auf diesem Weg können sich Stiefkinder überdies manchmal eine größere soziale Kompetenz aneignen als Kinder aus Kernfamilien: weil sie in der Lage sind, emotional zu gewichten, Unterschiede zu machen zwischen Liebe und Freundschaft, zwischen bedingungsloser Hingabe, Akzeptanz und

Toleranz. »Den tieferen Sinn einer Freundschaft sollte jeder Vater als Modell für seine Beziehung zu seiner Tochter sehen«, schreibt Nicky Marone in ihrem Buch *Gute Väter – selbstbewußte Töchter*, und den Satz kann man ebensogut für Stiefväter geltend machen.[9]

Obwohl man Liebe nicht bestellen kann, erwarten manche Stiefväter klammheimlich doch, daß sie von den Kindern ihrer Partnerinnen geliebt werden. Weil sie finanziell für sie sorgen, weil sie ihre Launen ertragen, weil sie sich um eine gute Erziehung bemühen und weil sie ihnen abends, völlig geschafft vom Tag, auch noch eine Geschichte vorlesen – eben weil sie sich wie leibhaftige Väter um eine gesunde Entwicklung der ihnen anvertrauten Kinder bemühen.

Stiefväter, die bei sich latente Aggressivität ihren Stiefkindern gegenüber registrieren, weil sie nicht zurückbekommen, was sie glauben gegeben zu haben, sollten über Hilfe von außen und vielleicht eine Therapie nachdenken. Für sich selbst, für die Kinder, für die ganze Familie. Ein Fachmann ist vielleicht in der Lage, das Beziehungsgeflecht und die Gründe für die Ablehnung zu durchleuchten. Denn wenn man stark gestörte Beziehungen immer weiter schleifen läßt, setzt man damit das gesamte Familienglück aufs Spiel. Der Münchner Psychologe Hans Dusolt etwa berichtet, daß die Anlässe, wegen derer Stiefeltern in seine Praxis kommen, häufig zwar ganz andere sind, im Laufe der Therapie sich dann das tatsächliche Problem herauskristallisiert. Es geht um tiefe Kränkungen, das Gefühl, nicht geliebt zu werden oder nicht lieben zu können. Manche Stiefeltern berichten auch, sie würden ihre Stiefkinder besser und fairer behandeln als ihre leiblichen Kinder, da sie Angst haben, sich zu verraten, und damit ihnen nicht der Vorwurf gemacht werden kann, sie würden ihre Kinder mehr lieben als ihre Stiefkinder.

Unterdrücken Stiefväter jahrelang ihre wahren Gefühle, nur weil sie ein schlechtes Gewissen vermeiden wollen, geraten sie in einen Strudel aus heimlichen Schuldgefühlen und abgeleitetem Frust. Versuchen sie dagegen, sie selbst zu bleiben, kann es trotz aller Anlaufschwierigkeiten und aller weiteren Konflikte im Laufe der Jahre zu einer harmonischen Beziehung kommen. Noch einmal: Es ist ratsam, sich mit der Entwicklung der Beziehungen innerhalb der Stieffamilie Zeit zu lassen, die Entwicklung zu beobachten, sich zu orientieren, nicht zwanghaft lieben zu wollen und, so schwer es auch fällt, etwaige Ablehnungstendenzen der Stiefkinder zu hinterfragen, statt sie sofort als persönliche Kränkung aufzufassen.

Am schwierigsten ist die Situation für einen Mann, der leiblicher Vater und gleichzeitig Stiefvater ist, er lebt in der komplexesten aller Stieffamilien-Strukturen. Diese Männer haben fast immer Schuldgefühle. Sie werfen sich vor, ihre eigenen Kinder verlassen zu haben und nun für andere Kinder dazusein. Sie verspüren den Wunsch, immer dann, wenn sie mit ihren Kindern zusammen sind, alles aufzuholen, alles wiedergutzumachen. Was das alles ist, ist ihnen häufig jedoch gar nicht bewußt. Sie stellen an sich den Anspruch des Übervaters. Und diesem Bild hecheln sie hinterher.

Häufig muß der Rest der Stieffamilie immer dann zurückstekken, wenn die leiblichen Kinder kommen. Natürlich führt das auf Dauer zu Problemen in der Familie. Die neue Frau verbringt vielleicht jedes Wochenende allein oder fühlt sich ständig als fünftes Rad am Wagen, oder sie macht sich Sorgen um ihre eigenen Kinder.

Leben in der Familie leibliche Kinder der Frau, fühlen sie sich von ihrem sonst vielleicht treusorgenden Stiefvater natürlich abserviert, wenn die leiblichen Kinder immer die erste Geige spielen.

Und wieder einmal ist es das schlechte Gewissen, das sich als der erdenklich schlechteste Ratgeber entpuppt. Gerade in turbulenten, erlebnisreichen Zeiten sagen viele Kinder von sich, es sehr viel mehr zu genießen, nicht ständig und unentwegt aufregende Sachen unternehmen zu müssen. Der Vater

»bringt sich fast dabei um«, ihnen immer ein neues Programm bieten zu können, obwohl die Kinder tatsächlich einfach nur gern bei ihm wären.

(Stief-)Väter sollten versuchen, ihre eigenen Kinder in den Alltag der Stieffamilie zu integrieren. Diese sollten das Gefühl haben, in der Zeit, in der sie in ihrem Wochenendzuhause leben, dazuzugehören. Das heißt ja nicht, daß ein Vater mit seiner Tochter von Zeit zu Zeit nicht etwas allein unternehmen kann. Es ist aber eben auch für alle anderen Mitglieder der Familie wichtig, zueinanderfinden zu können. Sonst fühlen sich die Stiefkinder ihres Familienlebens beraubt, denn in der Woche arbeitet der Stiefvater ja zumeist.

(Stief-)Väter sollten nicht vergessen, daß eine gespannte Beziehung innerhalb der neuen Familie, sprich zur Lebenspartnerin und zu den Stiefkindern, nur zu neuen Schuldgefühlen führen kann. Einige Väter geben den Kontakt zu ihren leiblichen Kindern irgendwann auf, weil sie sie für die Spannungen in der neuen Familie verantwortlich machen und weil sie ihre Schuldgefühle nicht mehr aushalten können. Andere Stiefväter richten ihre Wut gegen die neue Familie.

»Zweifache Väter« sollten daher folgende Ratschläge beherzigen:

* Es ist wichtig, daß ein Stiefvater – auch wenn er leibliche Kinder hat – eine Beziehung zu seinen Stiefkindern aufbaut. Hier wirkt das gleiche Prinzip, wie für alle anderen Stiefväter auch: Schritt für Schritt.
* Alle Mitglieder, auch Wochenend-(Stief-)Kinder, sollten sich an die Regeln in der Familie halten.
* Stiefväter sollten sich weitestgehend von Schuldgefühlen freimachen. Sie können zu ihren Kindern auch in einer Teilzeitstieffamilie eine gesunde Vater-Kind-Beziehung aufbauen. Für Kinder ist vor allem wichtig, daß ihre Väter ihnen eine verläßliche Größe sind.
* Es belastet eine Liebesbeziehung, wenn die Partnerin immer mit ihren Bedürfnissen und Wünschen hinten anstehen

muß. Besonders schwer fällt dies vielen Frauen dann, wenn sich ihr Mann auf der anderen Seite ständig auf die Bedürfnisse seiner Exfamilie einstellt.

* Es ist wichtig, alle Beteiligten zu beobachten, zu Wort kommen zu lassen und zu versuchen, auf die Bedürfnisse jedes einzelnen einzugehen. So findet man häufig eine Lösung für die Probleme. (Einem Teenager zum Beispiel, der sich in seiner Wochenendstieffamilie unter lauter Kleinkindern wiederfindet, muß man Verständnis entgegenbringen, wenn er sich nicht wohl fühlt. Aber Umstände lassen sich ändern. Vielleicht kann er einen Freund einladen.)
* Gemeinsame Unternehmungen, um die Familie zu stärken, sind ebenso wichtig wie der Aufbau eines Vertrauensverhältnisses zwischen einem Vater und seinem Kind.

Da sich inzwischen immer mehr Eltern für ein gemeinsames Sorgerecht entscheiden, in dem Väter wieder verstärkt einen Platz im Leben ihrer Kinder einnehmen, kann man davon ausgehen, daß es immer mehr Familien mit komplexeren Strukturen geben wird. Daß es anderen Männern so wie ihnen selbst geht, wird vielen Vätern sicherlich in naher Zukunft eine enorme Hilfe beim Abbau ihrer Schuldgefühle sein.

Mauern und Sprachlosigkeit

Guckt man nun tiefer in die einzelnen Beziehungsgeflechte von Stief- oder Patchworkfamilien hinein, so gibt es natürlich Konstellationen, die alles andere als unproblematisch sind. Da ist ein Vater, dessen Sohn nur am Wochenende kommt. Dieser Sohn ist schon 15 Jahre alt und psychisch instabil. Er hat Probleme in der Schule, ist aufmüpfig, trinkt Alkohol, raucht und neigt zu Gewalt. Geht er in die Disco, kommt er regelmäßig mit Blessuren nach Hause, die Stiefmutter fand bei ihm kürzlich ein Messer. Ihr Sohn ist erst 11 – und fasziniert von der

»Coolness« seines Stiefbruders. Er himmelt ihn an. Die Mutter hat Angst um ihren Sohn, kann aber mit ihrem Mann nicht darüber reden. Dieser will nicht einsehen, daß der Einfluß seines Jungen nicht gut sein soll für den Sohn seiner Frau.

Der Vater sitzt ganz klar in einer Zwickmühle. Er liebt seinen Sohn, sieht ihn aber nur am Wochenende und möchte ihm in dieser Zeit alle nur erdenkliche Liebe zuteil werden lassen. Vor den auffälligen Verhaltensstrukturen seines Sohnes verschließt er die Augen, weil er meint, machtlos dagegen zu sein. Der Fünfzehnjährige sonnt sich derweil in seiner Rolle des Zerstörers, er hat Einfluß auf den Kleinen, der ihn bewundert, schafft es, das Paar gegeneinander auszuspielen, und hat endlich die Aufmerksamkeit in der Familie, die er sich wünscht und nach der er sich sehnt.

Schuldzuweisungen zu machen ist natürlich Unsinn. Der Fünfzehnjährige hat Probleme, die durchaus aus der für ihn entstandenen Familienkonstellation heraus resultieren können. Die Wochenendstiefmutter hat Angst um ihr leibliches Kind. Der Vater leidet unter einem schlechten Gewissen, da sein Stiefkind ständig bei ihm lebt, sein leibliches Kind aber immer nur am Wochenende kommt. Und der kleinere Junge vermißt womöglich Geschwister, möchte vielleicht so sein wie sein Stiefbruder, weil er von seinem Stiefvater ebenso als Sohn akzeptiert werden möchte, da sein leiblicher Vater sich nicht mehr um ihn kümmert.

Diese Wochenendstieffamilie lebt nun schon seit fünf Jahren zusammen und bewegt sich stellenweise auf eine Trennung zu. Sie ist, wie Familientherapeuten es nennen würden, eine »festsitzende Familie«. Für alle Beteiligten scheint es kaum mehr möglich, sich ohne professionelle Hilfe aus dieser verfahrenen Situation wieder zu befreien. Selbst wenn der Mann mehr Verständnis für seine Frau aufbringen würde, so wäre seinem Sohn bei seinen psychischen Problemen ja noch nicht geholfen. Und wenn er seinem Stiefsohn mehr Beachtung schenken würde, müßte er Angst haben, seinen leiblichen

Sohn zu verletzen. Die Mutter hat zu Recht Angst um ihr eigenes Kind; und das wünscht sich nun mal einen »richtigen Vater«.
Manchmal kann es helfen, die Strukturen innerhalb der Familien zu durchbrechen oder andere Gewohnheiten, Fürsorgeaufgaben, Besuchsrechte oder Regelmäßigkeiten einzuführen. Familien, die vor so komplizierten Problemen stehen, sollten aber auf jeden Fall über professionelle Hilfe nachdenken. Es gibt sicherlich einen Ausweg.

Es kann immer sein, daß sich die innerfamiliären Bindungen in Stieffamilien nicht gesund entwickeln können. Das kann viele Gründe haben. Schwierig sind die ganz »normalen« Machtkämpfe – die es natürlich auch unter Stiefgeschwistern gibt – daher, weil es ein Mein-Kind und ein Dein-Kind gibt. Daß die Eltern das nicht vergessen und wahrnehmen, dafür sorgen die Streithähne in Stieffamilien nämlich ausgesprochen gern. Sie werden vielleicht versuchen, Keile zwischen die Eltern zu treiben oder sich in den Vordergrund zu spielen, indem sie ständig auf ihr eigenes Können und die Unzulänglichkeiten ihres Stiefgeschwisters hinweisen. Wenn man Kind ist, meint man noch viel eher als im Erwachsenenalter, der Nabel des Universums zu sein. Wird man ständig ausgestochen und kann selbst nie glänzen, kann das zu Persönlichkeitsstörungen führen. Nun kommt es natürlich auf die Erziehenden an, was sie zum Überfliegertum und was zur Unzulänglichkeit erklären, wie sie Stellung beziehen. Jedes Kind hat besondere Talente, mögen sie sich auch auf den ersten Blick verbergen. Eltern sollten unbedingt versuchen herauszufinden, wo die Stärken ihres (Stief-)Kindes liegen. Und sie sollten natürlich allen Kindern in der Familie eine vergleichbare Förderung zukommen lassen.
Es ist zum Beispiel gut, wenn beide Elternteile sich gleichsam um das Wohl jedes einzelnen Kindes in der Familie bemühen. Leider geben heute noch viele Männer die Verantwortlich-

keiten allzugern an die Frauen ab. Es täte allen Familien gut, wenn Männer, Väter und Stiefväter, sich mehr für und in der Familie engagieren würden. Es sind nach wie vor überwiegend Frauen, Mütter und Stiefmütter, die sich um einen guten Sportverein oder Klavierlehrer bemühen, nachts Wadenwickel machen, die Schularbeiten betreuen oder Elternabende besuchen. Würden Männer eine ähnliche Energie beim Wälzen von Literatur zum Thema Familie aufbringen, wie beim Studieren des Aktienkurses oder des Computermagazins, wäre das wunderbar.

In allen Familienkonstellationen, egal ob Patchwork- oder Kernfamilie, ist es unabdingbar wichtig, sich über gemeinsame erzieherische Ziele untereinander zu verständigen. Denn nur ein gemeinsames Ziel kann ein Gelingen garantieren. Alles andere ist kontraproduktiv und wird wohl zwangsläufig scheitern.

Dennoch sollte jeder Elternteil versuchen, außerhalb des gemeinsamen Erziehungsstiles zu jedem Kind, ob nun leibliches Kind oder Stiefkind, ein persönliches Verhältnis aufzubauen. Ein Verhältnis, das unabhängig zu allen anderen Familienmitgliedern für sich allein Bestand haben kann. Das ist für leibliche Eltern immer wieder eine Bewährungsprobe. Für Stiefeltern bedeutet es mühsame Kleinarbeit. Über den ersten gemeinsamen Spaziergang zu ersten erzieherischen Gehversuchen bis hin zu einem Vertrauensverhältnis. Und dabei darf man nicht ungeduldig werden und soll den Mut nicht verlieren. Je weniger Stiefeltern die Kinder jedoch drängen, desto höher ist die Erfolgsquote. Das gilt im übrigen auch für das Verhältnis zwischen Stiefgeschwistern. Je weniger Druck die Erwachsenen ausüben, um so größer ist die Chance, daß die Kinder aus unterschiedlichen Familien zueinander finden. Gelten die Regeln »Fairneß« und »gleiches Recht für alle«, kann wenig schiefgehen.

Gemeinsamer Nachwuchs

In den Beziehungen zu eigenen Kindern und Stiefkindern sollten die Erziehenden alles daran setzen, die Rivalität und den Streit der Kinder untereinander so gering wie möglich zu halten.
Sind die (Stief-)Kinder schon älter und es kommt ein Kind aus der neuen Partnerschaft hinzu, ist das Tauziehen und Buhlen um die Gunst der Eltern oder Stiefeltern für gewöhnlich nicht so stark wie in Familien, in denen die (Stief-)Kinder noch sehr klein sind.
Die Statistik sagt, daß Stieffamilienpaare nicht mehr allzu viele gemeinsame Kinder bekommen. Das wiederum bedeutet, daß in Stief- oder Patchworkfamilien zahlenmäßig mehr Stiefkinder als leibliche Kinder leben. Dennoch gehen Schätzungen davon aus, daß etwa 70 Prozent aller Stieffamilien noch mindestens ein gemeinsames Kind haben. Gerade Stiefmütter verspüren häufig den Wunsch nach einem gemeinsamen Kind, vor allem, wenn sie selbst kein leibliches Kind mit in die Partnerschaft gebracht haben.
Die Vermutung liegt nahe, daß Familien, in denen Kinder aus verschiedenen Partnerschaften gemeinsam unter einem Dach leben, komplizierter sind als andere Familien. Das kann sein, muß aber nicht so sein. Zwar haben selbst erwachsene Kinder bei der Geburt eines Halbgeschwisters noch Angst, der Neuankömmling könne ihnen etwas wegnehmen oder daß sie ihre Position innerhalb der Familie verlieren könnten. Pauschaliert man, kann man jedoch sagen, je älter die Kinder, desto besser werden sie mit Geschwistern umzugehen lernen. Besonders schwer allerdings fällt es noch sehr kleinen Kindern, etwa zwischen zwei und fünf Jahren.
In den meisten Stief- oder Patchworkfamilien sind die Altersunterschiede zwischen den schon in der Familie lebenden (Stief-)Kindern und den Neuankömmlingen in der Regel größer, nach Schätzungen zwischen 8 und 15 Jahren, das

bedeutet, Kinder aus offenen Familien können sich auf Geschwister besser einstellen.

Der Idealfall für ein weiteres Kind in Stieffamilien ist aber nicht nur vom Alter der Kinder abhängig, sondern ganz entscheidend eben auch vom Zeitpunkt. Und der ist dann am günstigsten, wenn sich die Familie nicht mehr in der »Aufbauphase« befindet, sondern schon relativ stabil ist, also nach einem Zeitraum von etwa vier Jahren.

Es kommt jedoch immer wieder auf die Konstellation der Familie an. Leben die Kinder beispielsweise in zwei Stieffamilien und das erst seit kurzer Zeit, kann sie ein weiteres Kind weit mehr aus der Bahn werfen, als Kinder, die nur in einer Stieffamilie leben. Zuviel Umbruch verunsichert gerade kleine Kinder.

»Die Erfahrung unterschiedlicher Lebensweisen durch die Zugehörigkeit zu zwei Familien könnte Kindern in Stieffamilien letztendlich zusätzliche Rollenmodelle und überhaupt ein breiteres Spektrum an Lern- und Entwicklungsmöglichkeiten bieten«, schreiben Visher und Visher und machen damit den Eltern Mut, die sich für ein gemeinsames Sorgerecht entschieden haben.[10] Das Psychologen-Paar weist aber ebenso darauf hin, daß Kinder das Hin und Her zwischen zwei Haushalten nicht unbedingt als Vorteil wahrnehmen. Im Gegenteil, sie könnten sich verunsichert und hilflos fühlen: »Die Verhaltensregeln in den zwei Haushalten können ja sehr unterschiedlich sein, und wenn man den Kindern nicht dabei hilft, zu erkennen, daß es eben viele verschiedene mögliche Lebensweisen gibt und nicht nur einen ›richtigen‹ oder ›falschen‹ Weg, so kämpfen sie unter Umständen unausgesetzt gegen wenigstens eines dieser Muster an. Damit durchtrennen sie aber das Band zu einem Elternteil und berauben sich eines Erfahrungsreichtums, der ihnen eigentlich zur Verfügung stünde.«[11]

Wenn Stiefkinder sich in ihren Welten eingelebt und die Erwachsenen das Gefühl haben, als Stieffamilie zu funktionieren, spricht eigentlich nichts mehr gegen ein gemeinsames Kind.

Kehren wir zu Nico, Susanne, Paula und Ole zurück. Paulas und Oles Vater bekommt mit seiner neuen Frau ein Kind. Dieses Paar hat sich relativ schnell dazu entschlossen: etwa zweieinhalb Jahre Partnerschaft, Heirat, Schwangerschaft. Da Ole und Paula noch recht klein sind und durch das Leben in zwei Stieffamilien ständig hin- und herpendeln, hatte die Tatsache des zu erwartenden Familienzuwachses erst einmal etwas Bedrohliches für die beiden. Sie hatten sich gerade ein wenig zurechtgefunden in ihren zwei Zuhausewelten, und nun sollte sich wieder alles ändern. Es wäre sicherlich besser gewesen, ihr Vater und seine Frau hätten mit dem Kinderkriegen noch ein bis zwei oder sogar drei Jahre gewartet. Da sich die beiden Stieffamilien aber sehr gut verstehen und vieles miteinander besprechen, sind die Chancen, daß Ole und Paula auch noch mit dem Neuling in der Familie ihres Vaters zurechtkommen, relativ hoch. Nico und Susanne sagen, daß sie vorhaben, das Baby auch einmal zu sich zu nehmen, sie sprechen mit Paula und Ole sehr offen darüber und schweigen das Thema nicht tot. Mental sind die Kinder sehr gut auf ihr Stiefgeschwister eingestellt, nun muß sich zeigen, wie sie tatsächlich mit der Situation fertig werden.

Nico und Susanne, die sich auch ein gemeinsames Kind wünschen, haben ihren Kinderwunsch jetzt erst einmal auf Eis gelegt. Das, so meinen sie, wäre für Paula und Ole dann doch zuviel. »Vielleicht in zwei oder drei Jahren«, sagt Nico. Schwierig ist die Situation natürlich auch durch die Regelung für die Kinder, bei beiden Elternteilen ein Zuhause zu haben. Denn das »neue« Kind des Vaters und seiner Frau darf ja immer in der Familie bleiben, während Paula und Ole pendeln. Würden nun auch noch Nico und Susanne ein weiteres Kind bekommen, könnten sich die beiden womöglich hin- und hergeschoben, nicht zugehörig fühlen, und es würde ihnen die Sicherheit nehmen, die sie in den vergangenen Jahren in beiden Elternhäusern gespürt haben.

Stieffamilie leben

Regeln schaffen Sicherheit

Stellen Sie sich vor, Sie kommen nach einem langen Arbeitstag nach Hause, und alles wäre anders. Das Schlafzimmer wäre die gute Stube, das Bad eine Abstellkammer, kein Möbelstück stände noch an seinem angestammten Platz, und sogar das Türschloß drehte zum Aufschließen jetzt rechts- statt linksrum.
So in etwa können sich Kinder fühlen, die in eine neue Stieffamilie »umziehen«. Alles ist anders. Gefrühstückt wird vielleicht nicht mehr gemeinsam, weil der Stiefvater früher aus dem Haus muß, sie dürfen nicht mehr im Wohnzimmer ihre Spielsachen ausbreiten, im Flur hängt eine neue Garderobe, an die sie ihre Jacken hängen sollen, und die Mutter hat immer um sieben Uhr abends, als es früher regelmäßig Abendbrot gab, für eine halbe Stunde keine Zeit, weil der neue Mann im Haus um diese Zeit nach Hause kommt und sie mit ihm erstmal über den Tag plaudern möchte.
Natürlich müssen wir alle uns von Zeit zu Zeit auch von vertrauten Alltagsgewohnheiten lösen, aber kaum ein Mensch kündigt am selben Tag seinen Arbeitsplatz, wirft seinen Partner aus der Wohnung, stellt die Möbel um und verändert darüber hinaus noch seine Eßgewohnheiten. Fast alle hängen an irgendwelchen Gewohnheiten. Das gilt insbesondere für Kinder. Gewohnheiten vermitteln ihnen ein Gefühl der Geborgenheit und Sicherheit. Deshalb ist es gerade für neugegründete Stieffamilien wichtig, möglichst bald verläßliche Regeln

einzuführen. Und wenn es irgend geht, sollten ein paar »alte« dabei sind, die den Kindern schon vertraut sind. Der Stiefvater und die Mutter der Kinder können sich gemeinsam über einen bestimmten Rahmen einigen, die Mutter sollte es aber sein, die diese an die Kinder heranträgt und die anfänglich auch die Kontrollfunktion dafür übernimmt. Ist eine Regel »offiziell« eingeführt, sollte sie auch eingehalten werden – es sei denn, man einigt sich darauf, sie zu ändern. Unter anderem sind es nämlich solche Regeln, die die Beziehungen innerhalb der Familie definieren.

Allerdings sollte das Regelwerk sinnvoll sein, denn es geht nicht darum, Vorschriften »der reinen Ordnung halber« einzuführen. Kein Mensch, schon gar kein Kind, kann sich von heute auf morgen auf ein kompliziertes Sammelsurium von Neuregelungen einstellen. Vielmehr sollten um so mehr nachvollziehbare Vereinbarungen getroffen werden, an denen sich die Kinder in ihrem momentanen Gefühl der Unsicherheit festhalten können.

Viele Stieffamilien berichten, daß sie eine Scheu davor haben, Regeln einzuführen. Sie lassen im Gegenteil alles laufen, weil sie glauben, den Kindern nicht noch mehr zumuten zu können. Erst wenn sie das Gefühl haben, ihnen platzt der Kragen oder daß die Kinder aus der Bahn geraten, bemühen sie sich mit sehr viel Kraftaufwand um eine neue »Familienordnung«.

Dabei sind Reglementierungen ein altbewährtes Rezept gemeinschaftlichen Lebens: Wohngemeinschaften, in denen die Haushaltsführung ein Problem ist, werden entweder einen Putzplan erstellen oder sich irgendwann trennen; die Schule beginnt für alle Kinder der Klasse morgens um acht; auch im Kindergarten gibt es gewisse Regeln (»Wer ein Spielzeug benutzt, räumt es hinterher wieder weg«). Kinder empfinden solche Vorgaben, besonders wenn sie in ihnen unbekannte Situationen geraten, weniger als einengend als vielmehr beruhigend.

Viele Kinder kämen im Traum nicht darauf, zu Hause ihre Jacke an den Haken zu hängen, die Schuhe in den Schuhschrank zu stellen oder ihren Teller nach dem Essen abzudekken. Im Kindergarten aber kann man sie dabei beobachten. Sie verhalten sich in Institutionen wie Kindergarten oder Schule sehr viel verantwortungsvoller und disziplinierter als zu Hause. Das hat viele Gründe. Zum einen sind an einem Ort, an dem nicht ein, zwei oder drei, sondern 20 bis 30 Kinder spielen, Schularbeiten machen und toben, feste Regeln einfach überlebensnotwendig für jeden einzelnen. Zum anderen hat die Diskrepanz in vielen Fällen auch mit dem Streß berufstätiger Erziehender zu tun. Vieles geht im Alltag unter. Häufig ist das »Laisser-faire« mit einem schlechten Gewissen verbunden, weil die Eltern meinen, nicht genug Zeit für ihre Kinder zu haben, und ihnen daher die Zeit zu Hause so angenehm wie möglich gestalten wollen.

In Stieffamilien ist ein geregeltes Miteinander doppelt wichtig, denn meist leben die Kinder nicht nur mit einem neuen Menschen auf engem Raum zusammen, sondern auch noch in zwei Welten: in der der Mutter und der des Vaters (wenn auch nur am Wochenende oder gelegentlich). Es liegt auf der Hand, daß Eltern, die es nicht schaffen, sich von Konkurrenz oder sogar übler Nachrede über den oder die Ex (»Na, seid ihr wieder erst um zehn ins Bett gekommen?«) freizumachen, den Kindern nicht gerade verläßliche Maßstäbe an die Hand geben, an denen sie sich orientieren oder auch reiben können.

Kindern hilft ein bedachter Umgang ihrer getrennten Eltern, mit der neuen Lebenssituation in Stieffamilien besser klarzukommen. Der Austausch der Erziehenden über Methoden, Regeln und Rituale gibt ihnen Sicherheit. Serviert dagegen der eine Müsli und Vollkornkost und der andere Elternteil macht sich darüber lustig, wissen Kinder nicht mehr, was denn nun wirklich gut für sie ist. Schwelgen sie in dem einen Zuhause im Luxus und werden im anderen kurzgehalten, wird es ihnen logischerweise schwerfallen, überhaupt Regeln

zu akzeptieren und einzuhalten. Auch Stiefväter, die meinen, sofort mit vermeintlich bewährten Regeln aufwarten zu müssen, die möglicherweise konträr zu denen im Haushalt des leiblichen Vaters stehen, machen es den Kindern nicht gerade leicht, verläßliche Größen in der Erziehung zu erkennen und auch einzuhalten. Im Gegenteil, sie werden rebellieren und versuchen, die Erwachsenen gegeneinander auszuspielen.
Ein Einverständnis in Erziehungsfragen ist übrigens nicht nur den Kindern eine enorme Hilfe, Erwachsene profitieren ebenso davon. Machen die Kinder beispielsweise in beiden Haushalten regelmäßig gleich nach der Schule ihre Hausaufgaben, gehen sie sowohl beim Vater als auch bei der Mutter zu etwa der gleichen Zeit abends ins Bett, stimmen sich die Erwachsenen über das Taschengeld ab oder besprechen sie gemeinsam Schulprobleme und entwickeln zusammen Strategien, schont das garantiert die Nerven aller Beteiligten. Es gibt weniger Streitpunkte und weniger Freiraum für die Kinder, die Eltern auszuspielen.

Rituale und Gewohnheiten

Wir haben es schon angesprochen:
Rituale und Gewohnheiten können Stieffamilien helfen zusammenzuwachsen. Was aber zeichnet ein Ritual aus?

* Rituale leben durch ihre Wiederholung.
* Rituale muß man praktizieren, also in das tägliche Leben einbinden, dabei gibt es Inszenierungshilfen, auf die wir später noch zu sprechen kommen.
* Ein Ritual folgt einer gewissen Ordnung (hat einen Anfang, ein Ende, läßt aber auch noch Spontanität zu).
* Durch Rituale kann ein aufmerksamer Bewußtseinszustand geschaffen werden.
* Rituale können soziale Bedeutungen erzeugen (auch kollektiv).

So wie Kinder in einer herkömmlichen Familie nach Regeln und Ritualen verlangen, so sehnen sie sich auch – sogar verstärkt – in einer Stieffamilie danach. Rituale drücken für Kinder soziale Zuverlässigkeit aus.

Das Lexikon formuliert es so: *Ritual: in der Soziologie eine bes. ausdrucksvolle und standardisierte individuelle oder kollektive Verhaltensweise; Rituale dienen in Angst- und Entscheidungsdrucksituationen oft der Verhaltensstabilisierung.*

Tauchen wir also in die Welt der Rituale ein: Ole hat sich in seine neue Welt eingefunden. Durch den zu erwartenden Familienzuwachs spürt er, daß sich mit der Ankunft des Babys wieder viele Dinge in der Familie seines Vaters ändern können. Das verunsichert ihn. Er weiß nicht, was ihn erwartet, er hofft, alles bliebe dennoch weitestgehend beim alten Vertrauten. Und genau hier können Rituale Kindern helfen, sich weiterhin sicher zu fühlen und sich dennoch für das Neue zu öffnen. Bleibt Ole die Gutenachtgeschichte erhalten, ebenso das gemeinsame Frühstück mit dem Vater vor der Schule, wird das Kind sich weiterhin sicher fühlen. Kinder aber, die morgens ins Bett der Eltern huschen und plötzlich von einem Baby von ihrem Platz verdrängt werden, entwickeln Ängste. Natürlich ändern sich Dinge, wenn ein weiteres Kind kommt. Die alten Rituale sollte man aber nicht sterben lassen.

Nico bleibt neben seiner Arbeit wenig Zeit für seine Stiefkinder. Er geht montags bis freitags gegen neun Uhr aus dem Haus und kommt zwischen acht und zehn Uhr abends erst wieder. Auch am Wochenende muß er manchmal arbeiten. »Es ist schwierig, überhaupt Zeit freizuschaufeln«, erzählt er.
Seit etwa einem Jahr fährt er Ole und Paula nun zur Schule. Er versucht, so oft es ihm möglich ist, zum Abendessen zu Hause zu sein; und er überlegt sich Aktivitäten für das Wochenende. Eine regelmäßige Gutenachtgeschichte zum Beispiel kann er

aber, wie er sagt, nicht leisten. Wenn sowenig Zeit bleibt – und das ist auch in vielen Kernfamilien ähnlich –, braucht das Zusammenwachsen einer Stieffamilie natürlich erheblich länger.

Viele Stiefväter verzweifeln regelrecht an dieser Situation. Sie haben ein schlechtes Gewissen, fühlen sich immer weniger dazugehörig und wissen nicht, wie sie die Situation verändern können. Schließlich können sie die Kinder ja nicht bis zum Morgengrauen auflassen, um Alltag, Gewohnheiten oder Rituale zu pflegen. Was sollen sie also tun, wenn der Arbeitstag für ihre Funktion als Stiefvater so wenig Platz läßt?

Wenn eine Stieffamilie eine Weile zusammenlebt, so ist es durchaus möglich, beispielsweise jeden Freitag oder jeden zweiten Freitag im Monat gemeinsam ins Schwimmbad zu gehen, eine andere Familie entscheidet sich vielleicht für »Ente orange« immer sonntags, wieder eine andere Familie für das Mensch-ärgere-dich-nicht-Spiel am Samstag.

Weitere Gemeinsamkeiten könnten sein: das Zeitungsholen am Morgen, die Korrektur der Hausaufgaben nach dem Abendessen, das Kicken im Park am Samstagnachmittag. Wichtig ist nur – und das macht es so schwierig, weil solche Rituale absolute Konsequenz verlangen –, daß diese Dinge in eben der Regelmäßigkeit stattfinden, die sie erst zu Ritualen macht und damit zu einer verläßlichen Größe.

Ein Stiefvater, mit dem wir sprachen, deckt beispielsweise jeden Morgen den Frühstückstisch für die ganze Familie. Auf jeden Teller – insgesamt fünf – legt er dann ein Bonbon zum Nachtisch. Das ist zwar nicht gut für die Zähne, aber es ist für den Stiefvater inzwischen ebenso eine »liebe Gewohnheit« wie für die Kinder. Der Stiefvater selbst geht sehr früh aus dem Haus – dann schläft der Rest der Familie noch –, und er kommt spät heim. Ihm bleibt nur das Wochenende, und mit seinen Bonbons hat er sich im Alltag seiner Familie trotz Abwesenheit präsent gemacht. Es bedeutet: »Ich denke an euch, habt einen schönen Tag.«

Ein anderer Stiefvater – er hat nur ein Stiefkind – bastelt seit einem halben Jahr immer samstags mit seinem Stiefsohn einen gigantischen Kran aus Streichhölzern. Die zwei lassen sich durch nichts davon abbringen, berichtete uns die Mutter, selbst Einladungen zu Hochzeiten werden ausgeschlagen, grippale Infekte ignoriert. Die Mutter selbst genießt die freie Zeit für sich.

Stieffamilien, die sich erst gründen, haben noch keine gemeinsamen Rituale. Ihre gemeinsame Geschichte müssen sie ja erst noch leben. Das kann gerade Kindern schwer zu schaffen machen. Ihnen fehlt nicht nur dieses oder jenes Ritual, sondern ihr gewohntes Leben samt allen Ritualen, die ihnen ein Stück Sicherheit gegeben haben.

Nun müssen Rituale aber wachsen, man kann sie schwerlich wie Regeln einführen; und sie unterscheiden sich eben auch von Regeln (was nicht heißt, daß die eine oder andere Regel sich nicht auch zu einem Ritual entwickeln kann).

Wie aber findet man zu Ritualen in der Stieffamilie? Zuerst einmal ist es wichtig zu prüfen, welche Rituale es schon gibt, ohne daß man sie als solche eingestuft hätte. Die schon vorhandenen sollte man auf gar keinen Fall vernachlässigen, sondern unbedingt an ihnen festhalten. Es sei denn, sie haben sich als hinderlich für die Gemeinschaft erwiesen oder werden nicht von allen Mitgliedern gleichermaßen anerkannt. Auch das gilt es zu prüfen.

Fährt die Stieffamilie immer sonntags zu Tante Erna, und den Kindern hängen die Besuche längst zum Hals heraus, obwohl es dort immer den berühmt-berüchtigten Rhabarberkuchen gibt und danach den Verdauungsspaziergang, sollte man sich schon fragen, wem dieses Ritual wirklich nützt, dienlich ist, hilft oder auch nur gefällt. Tante Erna?

Liest ein Stiefvater seinen Kindern und Stiefkindern immer abends beim Zubettgehen eine Gutenachtgeschichte vor, ist das nur dann sinnvoll, wenn die Kinder und der Stiefvater wirklich Lust dazu haben. Manche Eltern pflegen Rituale nämlich auch dann noch, wenn die Kinder schon längst aus ihnen »herausgewachsen« sind. Die Rituale geben den Kindern in einem solchen Fall höchstens noch die Sicherheit, sie immer und immer wieder über sich ergehen lassen zu müssen.

Nehmen wir den Weihnachtsmann. Der wird dann zu einem Ritual, wenn die Eltern kleiner Kinder jedes Jahr einen verkleideten Weihnachtsmann in ihr Wohnzimmer bestellen. Solange die Kinder an den Weihnachtsmann glauben, wäre es für sie schlimm, würde er auch nur einmal nicht kommen. Denn der Weihnachtsmann gehört zu Weihnachten wie die Plätzchen, die Geschenke und der Christbaum (anderen Kindern, die nie am Heiligen Abend Besuch vom Weihnachtsmann hatten, wird er hingegen gar nicht fehlen). Bestellen die Eltern den Weihnachtsmann aber weiterhin, obwohl ihre Kinder nicht mehr daran glauben, halten sie an einem Ritual fest, welches nicht mehr für das steht, was es einmal war.

Spürt man, daß Rituale nicht mehr »funktionieren«, nicht mehr angenommen werden, aus was für Gründen auch immer, sollten Eltern unbedingt mit ihren Kindern darüber sprechen. Wollen sie den Weihnachtsmann noch, obwohl sie nicht mehr daran glauben? Wollen sie weiterhin zu Tante Erna fahren?

Man sollte ein Ritual, welches nicht mehr für das steht, was es einmal war oder sein sollte, sanft ausklingen lassen. Vielleicht mit einer Zeremonie. An die Stelle eines »beerdigten« Rituals kann dann etwas anderes, ein neues Ritual treten.

Ebenso sanft, wie man Rituale verabschieden sollte, sollte man sie auch einführen. Frischgebackene Stieffamilien können, nachdem sie überprüft haben, welche Rituale es in ihrer Gemeinschaft schon gibt, ruhig auch für ihre Familie zugeschnittene Rituale kreieren. Sie sollten nur nicht aufgesetzt oder künstlich sein. Sonst gerät man in den Druck, etwas leisten, inszenieren oder machen zu müssen, was eigentlich mit der Familie in keinem Zusammenhang steht. Oder worauf man vielleicht gar keine Lust hat. Keiner braucht alljährlich in die gleiche Berghütte in den Harz zu reisen, nur um damit einen Gewohnheitsstatus zu erreichen. Ebenso ungünstig kann es sein, altbewährte Rituale aus den vorangegangenen Familien in der Eins-zu-Eins-Übersetzung in die neue Stieffamilie hineinpressen zu wollen.

Zu Beginn sollten Stieffamilien sich »kleine Rituale« zu eigen machen. Schritt für Schritt.

Bei einer Klassenkameradin unserer Tochter gibt es freitags Gegrilltes. Im Sommer sitzt die Familie dann im Garten, im Winter bruzzeln sie auf dem Tischgrill. Das findet immer in etwa um die gleiche Zeit statt, so gegen 18 Uhr. Die Kinder der Familie laden häufig Freunde dazu ein. Unsere Tochter liebt es, dabeisein zu dürfen. Das ist besonders für Familien, in denen der Eltern- oder Stiefelternteil häufig lange arbeitet, eine gute Alternative zu einer gemeinsamen Mahlzeit am Tag.

Rituale haben übrigens den Vorteil, daß sie nicht mehr diskutiert werden müssen. Von keiner Seite. Wenn ein Stiefvater mit den Kindern jeden Samstag ins Schwimmbad geht, werden die Kinder nicht mehr darüber diskutieren, vielleicht doch lieber Fußball zu spielen, zu Hause zu bleiben oder ins Kino zu gehen. Samstag heißt nun mal Schwimmen. Zumeist finden Kinder das gut. Gerade in Zeiten, in denen man vor lauter Erlebniswelt im Angebot kaum noch herausfinden kann, was man wirklich möchte. Das Schöne ist, daß man den Dingen eine Struktur verleiht und sie so zu Ritualen werden läßt.

»Wir haben eine kleine Glocke in der Küche«, erzählt ein Stiefvater, »die soll immer dann geläutet werden, wenn das Essen auf dem Tisch steht. Unsere Kleinste hat sie auf dem Weihnachtsmarkt gekauft. Elisabeth war damals erst sechs. Sie stand mit Liebesapfel-verschmierten Backen vor mir und klingelte vor meiner Nase damit herum. Es war ihre Idee, sie immer zum Essen zu läuten. Leider haben meine Frau und ich es häufig verschlampt, auch wirklich zu klingeln. Wir denken nicht immer daran. Schade, es wäre ein schönes Ritual.«

In dieser Familie scheint das gemeinsame Essen für Elisabeth eine Art Ritual zu sein, sonst hätte sie die Glocke sicherlich nicht angebracht. Das Läuten wäre sicherlich eine Handlung, die das Ritual Familienessen noch unterstreichen würde.
Das Lesen einer Gutenachtgeschichte ist als Ritual für die Erwachsenen sehr schwer durchzuhalten, da es sie verpflichtet, sich jeden Abend Zeit dafür zu nehmen. Hinzu kommt, daß dieses Ritual weit mehr Erziehungsvorgaben benötigt als andere. Wer mehr als ein Kind zu Hause hat, kennt die ewigen Kämpfe darum, welches Buch gelesen werden soll. Das kann für Erwachsene so zermürbend sein, daß sie diesem Ritual eine weitere Struktur verleihen sollten: Der Vorleser wählt das Buch aus, oder jedes einzelne Kind bekommt eine eigene Geschichte vorgelesen.
Schulpflichtige Kinder kommen vielleicht auf die Idee, selbst den Vorleser machen zu wollen, und schon steht man wieder vor einer neuen Aufgabe, weil alles aus den Fugen zu geraten scheint. Das wiederum bedeutet, daß auch hier ein Ritual wieder durchdacht werden muß.
Rituale können etwas bewahren, aber auch Neues schöpfen. Die Fähigkeit des Rituals, Kommunikationsmittel zu sein, zwischen Struktur und Bedeutung, gibt ihm die große Möglichkeit, Veränderungen zu bewirken.

Unter den Augen der anderen

Es gibt einige Stieffamilien, denen es ganz egal ist, wie Nachbarn oder Verwandte zu ihren »offenen Familienverhältnissen« stehen. Damit sind sie allerdings die Ausnahme. Denn auf die meisten Stieffamilien nimmt die Außenwelt doch Einfluß. Stieffamilienverhältnisse werden immer wieder hinterfragt. Sie lassen sich von außen immer wieder unter Druck setzen. Und das erschwert natürlich ihr Zusammenwachsen. Einige wenige Stieffamilien versuchen daher, ihre Verhältnisse zu vertuschen, tun so, als seien sie Kernfamilien, und treten nach außen auch als solche auf. Diese Familien haben am wenigsten Chancen, sich zusammenzuraufen.

Wir selbst haben vor einigen Jahren eine Stieffamilie gegründet. Wir leben in einer großen Stadt, in der Nachbarschaft eine andere Bedeutung hat als beispielsweise in einem kleinen Dorf. Für uns ist es nicht relevant, was die Nachbarn über uns denken. Zumal wir sie ja nicht oder nur kaum kennen. Wir beide sind davon überzeugt, daß Stieffamilie eine absolut lebbare und gute Alternative zu einer unglücklichen Ehe darstellt. Uns geht es gut, es könnte kaum besser sein, unsere Kinder sind fröhlich, und auch bei ihrem Vater, der mit dieser Situation glücklich ist, fühlen sich die Kinder pudelwohl.

In kleinen Dörfern ist das sicherlich noch anders. Da kann es sein, daß die Familie, die vor 30 Jahren ins Dorf gezogen ist, noch immer »die Zugezogenen« sind.

Die Scheidungsrate in Städten ist sehr viel höher, aber man lebt dort anonymer. In großen Mietshäusern wird Nachbarschaft einfach nicht so gepflegt wie auf dem Lande. Dort interessiert man sich noch sehr viel mehr dafür, was die Nachbarn treiben und wie sie leben. Der berühmte Blick über den Gartenzaun macht vielen Stieffamilien auf dem Land oder in kleinen Städten noch immer zu schaffen. Sie werden häufig in ihrer für die Menschen dort so anderen fremden Lebensform nicht akzeptiert. Gerade, wenn die neue Familie weiterhin in dem Haus lebt, in dem zuvor die alte Familie gewohnt hat. Stößt man nun in der elterlichen oder schwiegerelterlichen Familie und in der Nachbarschaft auf Unverständnis, sind die Bedingungen für Stieffamilien extrem schwierig. Man kann diesen Familien raten, nur weiter selbstbewußt zu sein und zusammenzuhalten. Vielen Familien hilft es, Selbsthilfegruppen (von ihnen gibt es über das Bundesgebiet verteilt schon sehr viele, Adressen im Anhang) aufzusuchen und dort mit anderen Familien über ihre Probleme zu sprechen. Es gibt viele Stieffamilien, die Angst haben zu scheitern –, weil ihnen die Umwelt, sprich Familie, Nachbarn und Freunde, allzu sehr zusetzen. Es ist jedenfalls ein sehr häufiger Grund, warum sich Stieffamilien an Familientherapeuten wenden, um sich helfen zu lassen.

Und obwohl wir von vielen direkten Einflußversuchen »befreit« sind, müssen auch wir uns immer wieder die gleichen Fragen anhören: Funktioniert das denn, wenn die Kinder zwei Zuhause haben? Kinder gehören doch zur Mutter. Fühlen die Kinder sich denn nicht hin- und hergeschubst, mal beim Vater, mal bei der Mutter? Gehen sie denn in zwei Schulen? Es fehlt nur noch die Frage, ob solche Kinderquälerei erlaubt sei.

Man kann sich noch so freistrampeln von gesellschaftlichen Mustern, diese Fragen bohren und bohren und bohren. Damit ist es aber nicht genug. Selbst Freunde und Verwandte rümpfen die Nase, nach dem Motto: Meinst du, die Kinder sind bei deinem Exmann wirklich gut aufgehoben? Ich würde das nicht mitmachen. Und Verwandte hauen in die gleiche Kerbe: Was ist, wenn die Kinder krank sind, dann könnt ihr doch gar

nicht bei ihnen sein? Kinder brauchen doch ein sicheres Nest. Sie müssen doch wissen, wo sie hingehören.
In diesen Fällen bieten übrigens Großeltern gern ihr Nest an. Auf der einen Seite ist das natürlich sehr rühmlich. Sie sorgen sich halt um ihr Enkelkind (und das steht ihnen ja auch zu), möchten, daß es ihm gutgeht. Aber der Blick ist eben sehr eng. Es bedeutet nämlich, daß sie sich als Kernfamilie über die Stieffamilie stellen, nach dem Motto: Bei uns geht alles seinen geregelten Gang, bei euch geht alles drunter und drüber.
Man ist immer wieder versucht, sich zu verteidigen. Wofür eigentlich? Dafür, daß man persönlich für seine Kinder auch nur das Beste will? Natürlich rufen Freunde und Verwandte damit immer wieder das elterliche schlechte Gewissen auf den Plan. Das ist ein wunder Punkt vieler Stieffamilien. Immer wieder wird einem vermittelt: Das, was ihr da versucht, ist doch allerhöchstens die zweit- oder drittbeste Lösung. Einige Freunde und Verwandte gehen sogar so weit, ihre ganz persönlichen Bedenken in Vorwürfe und persönliche Angriffe ausufern zu lassen.
»Ich erinnere mich, als wir uns trennten. Natürlich war das schlimm und schwierig. Wir überlegten Tag und Nacht, Wochen und Monate, was für unsere Kinder gut ist«, erzählt ein Vater. »Als meine Schwiegereltern von unserer bevorstehenden Trennung erfuhren und Hals über Kopf angereist kamen, da hatten wir erstmalig das Gefühl, wirklich durchzudrehen. Meine Eltern waren nicht minder anstrengend. Wir sollten uns rechtfertigen, warum wir uns überhaupt trennten und so weiter. Dabei hatten wir dieses Thema für uns schon lange geklärt. Wir wollten beide nicht mehr zusammenleben. Wir waren nicht glücklich. Als unsere Eltern uns dann zu einer Therapie drängen wollten, haben wir sie gemeinsam vor die Tür gesetzt. Das war auch das erste Mal, daß uns die Kinder völlig durcheinander erschienen.«
Man muß ein ziemlich dickes Fell haben, um an sein persönliches Kostrukt von Familie zu glauben. Denn wer Kinder hat,

kennt die ewige Sorge um sie. Man will ihr Bestes und ist doch immer besorgt, es nicht leisten zu können. Zumal man das Zerbrechen der Kernfamilie erst einmal als Scheitern betrachtet.

Das schlechte Gewissen zieht dann Vorwürfe nach sich, und man beginnt wieder zu zweifeln: Könnte das kleine Kind vielleicht ins Bett genäßt haben, weil es Verlustängste hat? Wieso spielt mein Kind in der Schule den Klassenclown? Kommt es in der Stieffamilie nicht klar? Wieso ist meine Tochter häufig so distanzlos? Hat sie kein Vertrauen in die Liebe? Und ... und ... und. Dabei sind wahrlich nicht alle Bettnässer dieser Welt Kinder aus Stieffamilien und Kinder aus Kernfamilien eventuell ebenso distanzlos.

Man sollte sich davon nicht verunsichern lassen. Und dieses Buch soll nicht zuletzt auch helfen, sich ein gesundes Selbstvertrauen in bezug auf die Familie zu bewahren oder aufzubauen. Ein Kind kann da glücklich werden, wo es respektiert oder gar geliebt wird.

Die lieben Verwandten

»Es gibt keinen Menschen, über den ich mich so aufregen kann wie über meinen Exmann«, erzählt Sabrina. »Obwohl er seit ein paar Jahren in Chile lebt, haben wir wegen der Kinder noch Kontakt. Im Grunde ist er unmöglich. Alles, was ich meinen Kindern in Kleinstarbeit vermittelt habe, zerstört er in nur vier oder fünf Wochen Sommerferien. Dort sehen die Kinder viel zu viel Fernsehen, die Großeltern staffieren meine Tochter mit gruseligen pinkfarbenen Spitzenkleidern aus, sie bringen jedesmal mehr Plastikspielzeug mit, als man hier im Spielzeugladen um die Ecke kaufen kann, und sie ernähren sich dort zum Großteil von Chips und Nüssen. Es ist zum Verzweifeln. Und trotzdem reiße ich mich zusammen. Ich würde meinen Kindern niemals sagen, wie bescheuert ich ihren Vater finde. Sie lieben ihn, und das möchte ich ihnen nicht nehmen. Also beiße ich mir auf die Zunge. Dafür kommentiert meine Mutter die Päckchen aus Chile ständig. Auch wenn die Kinder dabei sind. Sie sind immer ganz irritiert, wenn ihre Oma loslegt, was für ein Kerl ihr Vater sei und wie ich diesen Mann nur hätte heiraten können und wie ungebildet er sei, und so weiter. Ich habe ihr das verboten, aber sie macht es immer wieder. Sie versucht ganz bewußt, Keile zwischen die Kinder und ihren Vater zu treiben. Sie möchte nämlich nicht, daß die Kinder im Sommer nach Chile reisen. Ich weiß nicht, was ich machen soll. Es ist für uns alle das reinste Gift.«

Ole bekam von seinem Vater zu seinem achten Geburtstag ein Messer. Viel zu groß und viel zu scharf für einen so kleinen Jungen. Susanne machte sich Sorgen darüber, weil sie meinte, ihr Sohn könne damit nicht umgehen, und sprach mit ihrem Exmann das Thema in aller Ruhe an. Als Ole nun zu seinen Großeltern aufs Land fuhr, führte er das Messer natürlich stolz vor. Mit dem Ergebnis, daß sein Großvater schimpfte, wie unmöglich es sei, einem so kleinen Jungen ein so gefährliches Messer zu schenken, und wie dumm sein Vater sei.
Susanne versteht die Sorge ihres Vaters, sie selbst hatte sich ja auch Sorgen gemacht. Aber sie hatte schon so oft mit ihrem Vater darüber geredet, ihn inständig gebeten, nicht schlecht über Oles Vater zu sprechen. Susanne hat sich vorgenommen, die Kinder von den Großeltern fernzuhalten, wenn es auch nur noch einmal zu solch einer Hetztirade käme. »Ole hängt sehr an seinem Großvater, und die zwei sind ein tolles Team«, erzählt Susanne. »Mein Vater bemüht sich so liebevoll um meine Kinder. Sie spielen dort auf dem Land so phantasievolle Spiele und toben an der frischen Luft herum. Und ich bin jetzt wieder die Blöde, die alles falsch macht und Probleme inszeniert, wo keine sind. Warum können die anderen nicht auch mal über ihren Schatten springen?«

Susanne und Sabrina haben recht. Solche Übergriffe von außen, die das Zusammenwachsen der »offenen Familien« gefährden, muß man unterbinden. Natürlich dürfen Außenstehende, die das Konstrukt einer Stieffamilie nicht kennen oder leben, Fragen stellen. Nicht aber sollte man für das Gelingen einer Stieffamilie unabdingbar wichtige Erziehungsmethoden immer wieder verteidigen müssen.
Wenn das Unverständnis der Verwandten das harmonische Zusammenwachsen gefährdet, sollte es tatsächlich unterbunden werden. Manch einer wird verzweifeln. Denn die neue Familie stellt ja so schon hohe Anforderungen an alle Beteiligten. Natürlich wünscht man sich Verständnis und Unterstützung von außen. Leider ist das aber eher die Ausnahme. Verzweifeln Sie nicht. Es lohnt sich nicht. Halten Sie sich diejenigen, die nicht verstehen wollen, vom Leib.
Typisch für Zwei-Kern-Familien, schreibt die Hamburger Familien- und Jugendsoziologin Aneke Napp-Peters in ihrem Buch *Familien nach der Scheidung*, sei ein äußerst kompliziertes Netzwerk familiärer Beziehungen. »In ihm nehmen Erwachsene unterschiedliche Rollen ein, als Eltern oder Stiefeltern, Ehegatten und Exehegatten, einige sind für im Haushalt lebende Kinder aus früheren Ehen sorgeberechtigt, andere nicht sorgeberechtigte Eltern von weiteren Kindern, die außerhalb des Haushalts leben. Entsprechend haben die Kinder vielfältige Rollen als Söhne und Töchter, als Geschwister, Halbgeschwister und Stiefgeschwister in gemeinsamen oder in getrennten Haushalten. Sie haben neben eigenen Großeltern auch Stiefgroßeltern und möglicherweise Exstiefgroßeltern. Das Zurechtfinden in solchen komplexen Beziehungsstrukturen stellt an alle Familienmitglieder hohe Ansprüche und erfordert Toleranz und Konfliktfähigkeit.«[12]

Ebenso wie die Beziehung zwischen Stiefvätern und Kindern wachsen muß, so müssen natürlich die neuen Großfamilienmitglieder nach und nach eingeführt werden. Kinder verstehen die Welt nicht mehr, wenn sie plötzlich Geburtstagspäckchen von Stiefonkel Peter und Stiefurgroßtante Ruth bekommen.

Übereifrige neue Familienmitglieder sollte man von Beginn an ausbremsen. Es ist allemal besser, eine Tante des neuen Mannes vor den Kopf zu stoßen, als die Kinder einem neuen, nicht enden wollenden Verwandtschaftsstrom auszusetzen. Die meisten neuen Verwandten verstehen das, bringt man ihnen schonend bei, daß das Wachsen von Beziehungen Zeit braucht.

Kinder freuen sich natürlich, wenn sie zu Weihnachten diverse Geschenke mehr bekommen. Aber es tut ihnen nicht gut. Zum einen verlieren sie die Relation zu Geschenken, zum anderen wird ihnen vermittelt, die ganze Welt bestehe aus netten Tanten und Onkels, die Päckchen schicken. Sie verlieren ihr Gespür, persönliche Beziehungen einzuschätzen. Irgendwann springen sie dann wildfremden Personen auf den Schoß und meinen, von allen möglichen Menschen geliebt zu werden. Die Mutter des neuen Mannes sollte man als Mutter von xy vorstellen, nicht aber als neue Omi. Und Tanten, Onkel und Cousinen ebenso.

Wachsen die Beziehungen mit der Zeit heran, können die neuen »Stiefs« eine Bereicherung für Kinder sein. Je mehr verläßliche Bezugspersonen (Partner, Freunde oder Verwandte) ein Kind hat, desto besser.

Eine Stiefgroßmutter erzählt: »Ich selbst habe keine Enkelkinder, obwohl ich mir immer welche gewünscht habe. Mein Sohn hat mich gebeten, mich nicht gleich auf seine Stiefkinder zu stürzen. Ich habe mich daran gehalten und es nicht bereut. Die Kinder mögen mich. Und ich mag sie. Wir gehen von Zeit zu Zeit auf den Spielplatz oder ich entführe sie auf ein Fest oder eine Kirmes. Ab und zu mach ich auch den Babysitter. Die drei Mädchen sind mir gegenüber inzwischen aufgeschlossen. Ich glaube, nach den vier Jahren gehöre ich für sie zur Familie. Wer weiß, wie es gewesen wäre, wenn ich sie bedrängt hätte. Als richtige Oma fühle ich mich aber nicht. Eher als eine Ersatzoma. Wobei das auch nicht das richtige Wort ist. Ich ersetze ja niemanden. Vielleicht bin ich eine Zusatzoma.«

Nicht immer jedoch nimmt die Verwandtschaft des neugebakkenen Stiefvaters die dazugekommenen Familienmitglieder so freudig auf. Was tun, wenn »die Neue« und ihre Kinder in der Familie des Stiefvaters auf Ablehnung stoßen?

Da ist der Sohn, der seine Frau und seine Kinder verlassen hat und jetzt mit einer anderen Frau zusammenlebt, die auch Kinder hat. Es gibt Familien, die ein Leben lang zu der Exfrau halten und der Neuen das Leben zur Hölle machen.

Auch hier hilft nur, zuerst das Gespräch mit dem Partner zu suchen und ihn zu bitten, die Verhältnisse in seiner Familie zu klären. Gelingt dies, ist es wunderbar, und es können sich gesunde menschliche Beziehungen entwickeln. Sollte das nicht der Fall sein, grenzen Sie sich ab. Schon den Kindern zuliebe. Für sie ist es schlimm, auf Ablehnung zu stoßen. Sie verstehen es nicht und fragen sich womöglich, warum keiner in der Familie des Stiefvaters sie leiden kann. Im schlimmsten Fall beziehen sie die Ablehnung auf sich. Menschen wollen geliebt werden, sie wollen dazugehören. Für Kinder fühlt sich Ausgrenzung besonders schlimm an. Ersparen Sie Ihren Kindern die verkrampften Zusammenkünfte.

Hängt Ihr Mann dennoch an seiner Familie, müssen Sie besprechen, ob er den Kontakt weiterhin halten will und ob Sie damit leben können ...

Wie sieht es bei Patchworkfamilien aus? Nehmen wir folgendes Beispiel: Eine Mutter hat zwei Kinder aus erster Ehe, ihr Mann ebenfalls, das Paar hat noch ein weiteres gemeinsames Kind. Es ist Weihnachten. Die Familie fährt zu den Eltern des Mannes. Drei der Kinder sind also leibliche Enkelkinder, zwei nicht. Machen die (Stief-)Großeltern keinen Unterschied, so fühlen sich die Kinder der Mutter sicherlich wohl unterm Tannenbaum. Ist das nicht der Fall, wird es kompliziert, denn so sehr sich die Eltern der Kinder all die Jahre gemüht haben, ihre Kinder liebevoll und gerecht aufzuziehen, so sehr kann dieses Weihnachtsfest Rivalitäten hervorbringen. Seien Sie auf der Hut. Das Wichtigste daran ist, daß das Paar sich nicht anstecken läßt. Ist die Saat für Eifersüchteleien erst einmal ausgestreut, kann sich so etwas mit der Zeit hochschaukeln. Nehmen Sie gemeinsam den Kindern, den Großeltern und allen anderen, die sich an solchen Spielchen beteiligen, den Wind aus den Segeln. Aber wie? Auf jeden Fall sollte man auf solche Situationen vorbereitet sein. Weiter: Die Eheleute müssen sich einig sein. Schlimm ist es, wenn Sie als Einzelkämpfer gegen den Rest der Familie kämpfen. Sprechen Sie über Ihre Bedenken mit den Großeltern. Vielleicht verstehen sie es. Wenn nicht, müssen sie das nächste Weihnachtsfest eben ohne Kinder und Enkelkinder bestreiten.

In der Schule

Es gibt Lehrer, die Ihr Kind schon von vornherein als problematisch einstufen, weil es aus »zerrütteten Familienverhältnissen« kommt. Stieffamilien kriegen das immer wieder zu hören. Wenn Sie die Geduld noch aufbringen, erklären Sie der Lehrerin oder dem Lehrer ruhig immer wieder, daß Sie in einer ganz normalen Stieffamilie leben, in der Ihre Kinder keinen Schaden nehmen. Weisen Sie Argumente, die in Ihren Augen unstimmig sind, entschieden zurück, und wenn Sie es gar nicht mehr aushalten, schalten Sie auf Durchzug. Beachten Sie aber auch die andere Seite. Reagieren Sie vielleicht zu empfindlich und ziehen sich automatisch den Stieffamilien-Schuh an?
Bei berechtigter Kritik eines engagierten Lehrers sollten Sie aufhorchen. Denn in der Schule verbringt Ihr Kind sehr viel Zeit. Und denken Sie an die Rolle des Beobachters zurück. Klassenlehrer sehen Ihr Kind vielleicht manches Mal sehr viel realistischer, als Sie selbst es können. Es kommt natürlich auf

das Verhältnis an, das Sie persönlich zu dem Lehrer Ihres Kindes haben, wieviel Vertrauen Sie ihm entgegenbringen.

Die Freunde der Kinder

Marco war gerade drei, als seine Eltern sich trennten. In seinem Kindergarten gab es sonst nur Kinder, die mit Mama und Papa zusammenlebten. Das Gemeinste für den Dreijährigen aber waren die Fragen seiner Kindergartenfreunde: »Wo ist dein Papa denn?« und »Hat dein Vater dich nicht mehr lieb?« Man konnte regelrecht dabei zusehen, wie es Marco von Jahr zu Jahr besser ging, als um ihn herum sich auch viele andere Eltern der Kinder in seinem Kindergarten trennten.
»Seit über sechs Jahren feiern wir den Geburtstag meines Stiefsohnes Michel mal beim Vater, mal bei uns zu Hause. Beim letzten Mal fragte mich Michels Freund, der, seit ich denken kann, mit meinem Stiefsohn spielt und auch immer an den Geburtstagen dabei war, wieso denn ich und Michels Mami jetzt gingen; und wieso die Mutter denn nicht beim Vater bliebe. Es war scheinbar das erste Mal, daß dem Freund auffiel, daß Michel in zwei Familien lebt. Offensichtlich hatte er uns noch nie alle vier zusammen wahrgenommen. Ich antwortete ihm, daß Michels Mutter doch schon seit vielen Jahren nicht mehr mit Michels Vater zusammenlebt. Natürlich kam die Frage, vor der man immer wieder Angst hat: Warum denn nicht? Ich antwortete wahrheitsgetreu: Weil sie sich soviel gestritten haben. Und ausgerechnet da steckten meine Frau und ihr Exmann lachend ihre Köpfe durch die Tür: ›Wer will Pommes, wer Pizza?‹ Marcos Freund hatte sich längst anderen spannenderen Dingen zugewandt. Für ihn war wohl auch befremdend, daß eine Mutter ihr Kind an seinem Geburtstag allein zurückläßt. Für Michel war das völlig okay. Sein Papa war ja da, seine Stiefmama, diverse Freunde, Großeltern und Tanten.«

Für die meisten Menschen ist die Welt, in der sie normalerweise leben, der Maßstab. Wächst ein Kind in einer Kernfamilie auf, wäre es also eher komisch, traute es sich nicht zu fragen, wenn es einer anderen Familienform begegnet. Je länger man in seiner Stieffamilie zusammenlebt, desto normaler empfindet irgendwann auch das Umfeld das Konstrukt.

Juristische Probleme und bürokratische Mühlen

Stiefelternschaft ist kein Schlaraffenland, wo einem die gebratenen Hühnchen direkt in den Mund fliegen, kein Land, in dem die süßen kleinen Früchte einfach so von den Bäumen zu pflücken wären. Stiefeltern übernehmen viele Pflichten, die leibliche Eltern auch übernehmen, haben aber juristisch kaum bis gar keine Rechte.
Zu einem rechtsmäßigen Stiefvater wird man erst durch Heirat mit der Mutter des Kindes. Wir haben in diesem Buch nicht unterschieden, ob die Stiefeltern einen Trauschein haben oder nicht. Da Nico und Susanne nicht verheiratet sind, wäre Nico rein rechtlich gesehen kein Stiefvater. Die Frau von Oles und Paulas Vater, Steffi, wäre demnach aber zu den Kindern rechtlich gesehen eine Stiefmutter. Das wiederum bedeutet aber nicht, daß Steffi damit auch sorgeberechtigt ist. Das gemeinsame Sorgerecht teilen sich weiterhin nur Paulas und Oles Vater und ihre Mutter Susanne, nicht aber Steffi oder Nico.

Der ewige Ärger mit den Behörden

Die Behördenmühlen mahlen sehr, sehr langsam. Nun hat man endlich ein neues Kindschaftsrecht. Seit Jahren machen sich Politiker für das gemeinsame Sorgerecht stark. Geht eine Mutter aber zur Meldestelle und versucht, ihr Kind sowohl beim Vater als auch bei sich anzumelden, bekommt sie die Antwort, das sei nicht möglich! Man bereitet sich dort scheinbar noch immer nicht auf »offene Familien« vor. Und selbst den zweiten Wohnsitz für das eigene Kind bei sich eintragen zu lassen, gestaltet sich schwierig. Das Argument in den Amtsstuben jedenfalls lautet noch immer: Das Kind muß dort angemeldet werden, wo es die meiste Zeit über lebt.

Eltern, von denen die Politik fordert, sie sollen an das Wohl ihrer Kinder denken und sich für ein gemeinsames Sorgerecht entscheiden, können da doch nur mit den Achseln zucken. Oder? Als eine Mutter erklärte, ihr Kind lebe zu gleichen Teilen bei ihr und bei ihrem Exmann, bekam sie die Antwort, das Amt könne nichts für ihre Familienstreitereien. Wer bitte streitet worum? Hat aber Ihr Kind einen Unfall und Sie sind nicht erreichbar, da Sie Ihr Kind nicht bei sich anmelden durften, also niemand Ihre Adresse herausfinden kann, dann spricht man Ihnen sicherlich die Rabenmutter zu.

Die erwähnte Mutter setzte immerhin bei dem Amt den zweiten Wohnsitz durch. Das sollten Sie auch tun. Es ist rechtlich möglich, auch wenn man Ihnen etwas anderes erzählt.

Das Kind darf dann allerdings nur in dem Bezirk in die Schule gehen, in dem es mit seinem ersten Wohnsitz gemeldet ist. Der zweite Wohnsitz zählt nicht. Er ist für Kinder ja eigentlich nicht vorgesehen. In den meisten Fällen ist es aber per Sondergenehmigung schon möglich, das Kind in einer Schule bei Ihnen in der Nähe anzumelden.

Viele Alltagsdinge und Behördenangelegenheiten bedeuten für Stieffamilien aber immer noch häufig Streß, Kampf und Ringen um Anerkennung. Es sind Kämpfe, die Eltern mit gemeinsamem Sorgerecht noch relativ allein ausfechten. Pionierarbeit eben. Einige wichtige Punkte im neuen Kindschaftsrecht sind halt noch nicht so praktikabel. Denken Sie immer daran, daß Sie der Wegbereiter für nachfolgende Stieffamilien sind.

Die Alimente

Vielen mit dem Status »Alleinerziehende« wäre ein gutes Stück geholfen, müßten sie nicht ständig hinter den Alimenten für ihre Kinder herlaufen. An einer Stelle dieses Buches haben wir es schon erwähnt: Viele deutsche Väter zahlen nur unregelmäßig Alimente, manche gar nicht. In Dänemark beispielsweise nimmt man zahlungssäumigen Eltern das Auto weg. Von dem Verkaufserlös kann dann eine gewisse Zeit finanziell überbrückt werden. Denn wer ein Auto halten kann, ist finanzkräftig und kann auch für ein Kind bezahlen.
Es gibt auch hier allmählich Bemühungen in diese Richtung. Und es ist ein weiteres Indiz dafür, daß man sich auch in der Politik langsam auf Familienstrukturen neben der Kernfamilie einstellt.
Immer noch springen Stiefväter häufig finanziell ein, obwohl man ihnen in bezug auf die Stiefkinder so wenig Rechte einräumt. Man will die Kinder schützen. Und das ist in den meisten Fällen sicherlich gut so. Wir fragen uns allerdings, warum Kinder nicht weit mehr vor leiblichen Vätern geschützt werden, die es nicht einmal für nötig erachten, monatlich einen Mindestbetrag zu zahlen?

Die Familie braucht einen Namen

»Mit Mädchennamen heiße ich Berner. Als ich geheiratet habe, habe ich den Namen meines Mannes angenommen. Seitdem heiße ich Renken. Meine Kinder tragen ebenfalls diesen Namen. Nun möchte ich wieder heiraten. Mein Freund möchte verständlicherweise nicht den Namen meines Exmannes tragen. Ich eigentlich auch nicht mehr. Es ist aber der Name meiner Kinder.
Würde ich bei einer Heirat meinen Mädchennamen wieder annehmen, wäre damit nichts gewonnen, dann hießen meine

Kinder anders als ich und mein neuer Mann hieße wiederum noch anders, nämlich Wilcke. Würde ich seinen Namen tragen, hieße ich zwar auch wie er Wilcke, aber meine Kinder nicht. Ich habe mich dazu entschlossen, den Namen meines Exmannes weiterhin zu tragen – wegen der Kinder – und zusätzlich den Namen meines neuen Mannes anzunehmen, ohne ihn als Doppelnamen gebrauchen zu müssen. Ich kann also je nach Lage den einen oder anderen Namen benutzen. Mit dem Namen meines Exmannes herumzulaufen macht mir nicht soviel aus. Für meine Kinder ist es einfach besser, wenn sie nicht fortlaufend erklären müssen, warum ich anders heiße als sie, obwohl ich ihre Mutter bin. Sollte ich mit meinem derzeitigen Freund noch ein Kind bekommen, muß ich noch mal darüber nachdenken, wie es heißen soll. Wilcke? Dann hieße das neugeborene Kind anders als meine anderen Kinder. Dann wird dieses Kind erklären müssen, warum es anders heißt als die Geschwister. Geben wir ihm den Namen Renken, trägt es nicht den Namen des Vaters, sondern meines Exmannes. Dann bräuchten wir aber so oder so drei Namensschilder an der Klingel. Denn Wilcke könnten meine Kinder nur heißen, wenn mein neuer Mann sie adoptieren würde. Das ist aber überhaupt kein Thema, denn sie haben ja einen Vater. Vielleicht brauchen wir ein Pseudonym: Hier wohnt Familie Sonnenschein.«

Zum Trost all derer, die sich mit dem Problem der Namensgebung herumschlagen: Es ist zumindest einfacher geworden, denn es sind ja immerhin schon einige Varianten möglich. Und Frauen können ohne Probleme ihren Namen behalten. Ältere Kinder sollte man in die Entscheidung ruhig einbeziehen, zumindest kann man herausfinden, welche Einstellung sie dazu haben.

Adoption

Stiefeltern haben keine Rechte, sind allerdings rechtlich auch zu nichts verpflichtet. Es sei denn, ein Stiefvater oder eine Stiefmutter würden ihr Stiefkind adoptieren. Das geht aber nur mit Einwilligung der leiblichen Eltern. Der Adoptionswunsch vieler Stiefeltern scheitert daran, daß der andere leibliche Elternteil nicht in die Adoption einwilligt.
Für Kinder, die keinen Kontakt mehr zu ihrem zweiten Elternteil haben oder ihn nicht einmal kennen, kann eine Adoption von Vorteil sein. Man verschafft ihnen damit die rechtliche Stellung ehelicher Kinder. Und auch dem Stiefelternteil werden bei Adoption die Rechte eines leiblichen Elternteils zugesprochen. Aber eine Adoption muß in Stieffamilien gut überlegt werden. Denn die Schäden, die ein Kind nimmt, wenn es von einem elterlichen Teil für immer »abgeschnitten« wird, können fatale Folgen haben. Zumal Kinder gar nicht beurteilen können, was eine Adoption letztendlich für sie bedeutet. Auch wenn sich viele Stieffamilien über das Adoptionsrecht ärgern, da die Mühlen langsam mahlen: Ein langwieriger Adoptionsprozeß ist allemal besser als ein Schnellschuß, mit dem man Kinder und Eltern unglücklich macht.

Vollmachten und andere Rechte

Gerade Stiefeltern, die in vielen Lebenslagen einspringen, weil ein leiblicher Elternteil seiner Fürsorge nicht nachkommt, leiden unter der Rechtslage.
Sie können sich aber damit helfen, daß sie sich Vollmachten ausstellen lassen und diese wie ihren Personalausweis ständig in der Brieftasche mit sich herumtragen. Das sollten sie wirklich tun. Denn es ist der einzige Weg, mitverantwortlich entscheiden zu können. Die Beziehung zwischen Stiefeltern und ihren Kindern ist gesetzlich nicht verankert.

Susanne könnte Nico noch so viele Vollmachten ausschreiben und ihn zu allem möglichen ermächtigen. Ohne das Einverständnis des anderen Sorgeberechtigten, Paulas und Oles Vater, würde es ihm nichts nützen. Sie müßten erst das Einverständnis des leiblichen Vaters einholen. Auch wenn Susanne und Nico verheiratet wären, verhielte es sich so.
Eine Mutter jedoch, die das alleinige Sorgerecht hat, wäre befugt, ihren neuen Mann zur Ausübung des Sorgerechts zu bevollmächtigen. Sie müßte nur eine schriftliche Ermächtigung verfassen. In etwa so: »Hiermit ermächtige ich, Frau A, Herrn B, mich in schulischen und medizinischen Angelegenheiten, meine Tochter C betreffend, zu vertreten.« Diese Vollmacht muß nicht notariell beglaubigt werden.
Ein Stiefvater berichtet enttäuscht von seinen Bemühungen, Elternvertreter der Klasse seiner 10jährigen Stieftochter zu werden. Von den leiblichen Eltern hatte so niemand richtig Lust, sich ehrenamtlich aufzuopfern, und so bot der Stiefvater seine Dienste an. Die Klassenlehrerin wies ihn aber vor versammelter Elternschaft zurück mit dem Argument, er sei »nur Stiefvater« und käme daher laut Schulgesetz für den Posten des Elternvertreters nicht in Frage. Natürlich war der Stiefvater geknickt. Er fühlte sich degradiert. Später las er im Schulgesetz nach und fand heraus, daß es ihm sehr wohl möglich gewesen wäre, Elternvertreter zu werden. Er brauchte nur eine Vollmacht der Mutter. Seit einigen Jahren führt er nun doch das Amt des Elternvertreters aus.
Wäre der leibliche Vater seines Stiefkindes auch sorgeberechtigt und würde solch einer Vollmacht nicht zustimmen, wäre es dem Stiefvater folglich nicht möglich, als Elternsprecher zu fungieren.

Interview mit einer Sekretärin an einer Frankfurter Grundschule

Warum ist es für Stiefeltern so kompliziert, Elternvertreter zu werden?
Ist es gar nicht. Sie brauchen nur eine Vollmacht der Eltern.

Und warum?
Es gibt schon so ein einziges Durcheinander: Eltern mit alleinigem Sorgerecht, Eltern mit geteiltem Sorgerecht, Eltern, wo der eine das Sorgerecht, der andere das Umgangsrecht hat, Alleinerziehende, Stieffamilien und gescheiterte Stieffamilien.

Die Familie befindet sich im Wandel. Sollte man darauf nicht reagieren?
Es ist so schon schwierig genug, an dieser kleinen Grundschule den Überblick zu behalten. In meiner Amtszeit sind schon zweimal Kinder von nicht sorgeberechtigten Eltern entführt worden. Es gibt eine Familie, da haben die Kinder schon die dritte oder vierte Stiefmutter. Ich kann das in meinen Akten gar nicht mehr alles festhalten. Und natürlich können wir nicht bei jedem Kind kontrollieren, von wem es aus der Schule abgeholt wird.

Aber ein Stiefvater kann doch sein Kind von der Schule abholen ...
Natürlich. Er kann ja auch Elternvertreter werden. Sicherlich ist es für Stiefeltern schwer. Aber dieses Gesetz ist doch zum Schutze des Kindes gemacht. Ein sorgeberechtigter Elternteil bleibt uns in der Regel all die Grundschulzeit als Ansprechpartner erhalten, die Stiefeltern nicht immer. Obwohl es wirklich viele Stiefeltern gibt, die sich viel engagierter und liebevoller um ihre Stiefkinder kümmern als einige leibliche Eltern.

Also muß die Vollmacht aus Ihrer Erfahrung zum Schutz des Kindes sein?
Auf jeden Fall. Man muß sie ja nicht einmal beglaubigen lassen. Das ist ja keine dumme bürokratische Eintagsfliege. So wie es reichlich blöde Eltern gibt, gibt es eben auch schwarze Schafe unter den Stiefeltern. Viele Stieffamilien trennen sich auch wieder. Es kommen wieder neue Ansprechpartner für uns hinzu. Das Gesetz schützt die Kinder. Und das ist notwendig und gut so.

Und wer schützt die Kinder vor ihren leiblichen Eltern? Schließlich wurden die Kinder von ihren Eltern entführt.
Ja, das frage ich mich auch fast täglich.

Interview mit einem Hamburger Familienrichter

Warum können Stiefeltern, die sich offensichtlich mehr als die leiblichen Eltern um das Wohl ihrer Stiefkinder sorgen, nicht das Sorgerecht zugesprochen bekommen?
Sie können Vormund werden.

Vormund ist aber etwas anderes als Mutter oder Vater.
Wenn sich die Menschen hier im Familiengericht um alles mögliche streiten und aufeinander losgehen, und wenn wir feststellen, daß beide leiblichen Eltern nicht in der Lage sind, ihrer elterlichen Sorgepflicht nachzukommen, suchen wir schon nach Alternativen, wo die Kinder eine unbeschwerte Kindheit verbringen können. Oft gibt es sehr engagierte Großeltern, aber auch Stiefeltern …

Die Kinder werden doch eher bei ihnen unbekannten Onkeln und Tanten untergebracht als bei ihren Stiefeltern … Warum?
Wir scheiden täglich viele Ehen, aus denen Kinder hervorgegangen sind. Diese Kinder sind oftmals schon mit mehr als einem Stiefelternteil konfrontiert worden. Es ist einfach nötig,

daß das Gesetz die schützende Hand über sie hält. Als Vormund hat man im Grunde die gleichen Rechte wie leibliche Eltern.
Ich möchte das Engagement vieler Stiefeltern an dieser Stelle einmal loben. Wenn Stiefeltern das möchten, kann man ihnen das Recht einräumen, mit ihren Stiefkindern auch nach einer Trennung weiterzuleben. Allerdings nur dann, wenn die elterliche Fürsorgepflicht nicht stattfindet.

Was ist, wenn der leibliche erziehende Elternteil stirbt?
Dann stellen wir natürlich die Frage, ob es für das Kind am besten ist, beim Stiefelternteil zu leben oder beim anderen leiblichen Elternteil. In den meisten Fällen wird die Sorge aber dem anderen leiblichen Elternteil zugesprochen.

Automatisch? Ohne die Stiefelternhausbedingungen zu prüfen?
Nein. Das Vormundschaftsgericht prüft zuvor, ob es dem Wohl des Kindes entspricht, beim anderen leiblichen Elternteil aufzuwachsen.

Was wäre, wenn bereits beide Elternteile verstorben wären?
Der Stiefelternteil könnte die Vormundschaft beantragen.

Wie häufig werden Stiefeltern zu Vormündern?
Das kann ich nicht beantworten. Aber glauben Sie mir: Wir versuchen, zum Wohl des Kindes zu entscheiden.

Wenn die Stiefehe geschieden wird

Eltern, die wissen, daß zwischen dem Stiefelternteil und dem Stiefkind ein gutes Verhältnis besteht, sollten dies nach der Trennung nicht beeinträchtigen oder zerstören. Es sei denn, es sprechen massive Gründe dagegen, beispielsweise sexuelle

Übergriffe, oder wenn der Stiefelternteil eine Bedrohung für das Kind darstellt.
Wie schon gesagt, haben Stiefeltern nach einer Trennung oder Scheidung kein Recht auf das Sorgerecht. Auch nicht auf ein Umgangsrecht. In Ausnahmesituationen kann ein Stiefelternteil aber gegen den Willen des leiblichen Elternteils ein Umgangsrecht rechtlich durchsetzen.

Das Testament

Alleinsorgeberechtigte Eltern können testamentarisch den Stiefelternteil als Vormund festlegen. Stirbt die Mutter – oder der Vater –, ist dieses Testament für das Vormundschaftsgericht bindend.
Der Stiefvater würde zum Vormund des Kindes erklärt werden.

Erbschaftsrecht

Möchte ein Stiefvater, daß sein Stiefkind ihn beerbt, so muß er ein Testament machen. Stiefkinder fallen nicht unter die gesetzliche Erbfolge.
Es ist zu kompliziert, an dieser Stelle die Verwandtschaftsverhältnisse von Nichtverheirateten, Verheirateten, deren Kindern und Stiefkindern auseinanderzudividieren. Lassen Sie sich eingehend beraten. Sonst kann es passieren, daß Kinder erben und Stiefkinder nicht. Wenn man dem Ehegatten alles vererbt, kann es sein, daß die eigenen Kinder weniger bekommen als die Stiefkinder. Das wiederum kann zu unnötigen Streitereien unter Stiefkindern und Kindern führen, die man im Vorfeld durch ein Testament ausräumen kann.

Stieffamilien in der Therapie

Familientherapeuten unterscheiden drei wesentliche Phasen in der Entwicklung zur Stieffamilie:

1. Die Phase des Abschieds von der bisherigen Partnerschaft und der bisherigen Familie,
2. die Phase der Teilfamilie,
3. die Phase der neuen Partnerschaft und die Stieffamilienbildung.

Der Übergang von der einen Phase zur anderen ist vor allem dadurch gekennzeichnet, daß Familienmitglieder neu hinzukommen oder andere ausscheiden. Die Familie ändert sich in ihrer Struktur. Diese Veränderung bringt zum einen neue Aufgaben mit sich, steht aber auch in Wechselwirkung mit der Veränderung des Umfeldes der Familie. Für jede Phase ist oft ein bestimmtes Lebensereignis charakteristisch, wie beispielsweise die Entscheidung der Eltern, nicht mehr zusammenleben zu wollen.

Die Entwicklung, die die einzelnen Mitglieder der Stieffamilie durchlebt haben, bis sie zu einer neuen Familie – eben der Stieffamilie – wurden, ist ein wichtiger Hintergrund für die therapeutische Beratung. Häufig ist ihnen dieser Prozeß gar nicht mehr bewußt. Dabei ist es oft hilfreich – gerade in Krisenzeiten –, sich die eigene Entwicklung und die der anderen noch einmal vor Augen zu führen.

Warum kommen Stieffamilien zur Therapie?

Die meisten Stieffamilien kommen zunächst einmal zur Beratung, weil sie zumeist Hilfe für ihre (Stief-)Kinder suchen. Die Gründe sind häufig Verhaltensauffälligkeiten, beispielsweise Leistungsverweigerung in der Schule, Aggressivität oder depressives Zurückziehen. Recht schnell kann sich im Laufe der ersten Beratungsgespräche erweisen, daß das »Problemkind« stellvertretend für die Probleme der ganzen Familie »auffällig« wird. Das heißt, daß die Probleme des Kindes eigentlich gescheiterte Lösungsversuche für die Probleme der gesamten Familie darstellen.

Ein Therapeut wird immer versuchen, die Probleme jedes einzelnen Familienmitgliedes im Kontext der ganzen Familie zu sehen. Das ist oft schon eine große Hilfe, denn er kann der Familie Verhaltensmuster aufzeigen, die gar nicht unbedingt an jedem einzelnen festzumachen sind, sondern die sich gegenseitig bedingen.

Dieser systemische Ansatz – die Familie wird als System begriffen – verdeutlicht, welchen Platz jeder in der Familie hat. Damit ist auch die erste Voraussetzung geschaffen, die Plätze vielleicht wechseln zu können, also Veränderung herbeizuführen.

In gewisser Weise ist der Therapeut ein Anwalt der Stieffamilie. Er möchte die spezifische Konstellation und die Lebensgeschichte der konkreten Stieffamilie erfahren und setzt diese in den Mittelpunkt seiner Arbeit. Das bedeutet, daß er diese spezielle Familie so nimmt, wie sie ist: ihre Strukturen, ihre Gesetzmäßigkeiten. Sie sind Ausgangspunkt für ihn. Damit macht der Therapeut von Anfang an deutlich, daß eine Stieffamilie eine Stieffamilie ist und keine Kernfamilie.

Sollte ein Stiefkind seinen Stiefvater »Vater« nennen, wird er es sofort korrigieren. Dabei geht es nicht darum, den Stiefvater zu kränken oder auszugrenzen. Der Therapeut möchte als erstes erreichen, daß die Stieffamilie die Realität so anerkennt, wie sie ist. Diese neu genannte Familienregel zum Beispiel lautet: Wir müssen nicht so tun, als seien wir eine »normale Familie«.

Das »Wir-dürfen-anders-sein« ruft oft große Erleichterung hervor. Häufig zeigt sich dann, wie stark sich die Schwierigkeiten des »Problemkindes« auf die nicht gelebte, tabuisierte Familienrealität bezogen haben. Nun lassen sich auch Handlungsregeln aufstellen.

Oft finden die Auseinandersetzungen in einer Stieffamilie zunächst zwischen dem Stiefelternteil und den Stiefkindern statt. Eine neue Handlungsregel einzuführen, würde hier heißen, daß der leibliche Elternteil in der Stieffamilie wieder mehr Verantwortung übernimmt und somit seinen neuen Partner entlastet. Statt dessen kann eine Auseinandersetzung zwischen dem leiblichen Elternteil und seinem Nachwuchs über Dinge, die bisher tabuisiert waren, beginnen. Möglicherweise fühlen sich die Kinder schuldig an der Scheidung ihrer Eltern oder wollen überprüfen, ob nicht doch noch eine Möglichkeit besteht, daß beide wieder zusammenkommen. Vielleicht hatten sie auch das Gefühl, Dinge, die sie belastet haben, verschweigen zu müssen – aus Loyalität zu dem einen oder anderen Elternteil.

Wenn auf diese Weise die eigentlichen Probleme auf den Tisch gekommen sind, beginnt eine neue Etappe, die in der Therapie oft die mittlere Phase, geprägt von einer Differenzierung nach innen und einer neuen Autonomie nach außen, genannt wird.

In dieser Phase arbeiten die Therapeuten einzeln mit den »Untergruppen« der Stieffamilie, beispielsweise nur mit dem Paar oder auch nur mit den Stiefkindern. Manchmal wird auch versucht, das andere leibliche Elternteil, das außerhalb der Stieffamilie lebt, dazuzuholen. Besonders wichtig ist aber zu diesem Zeitpunkt die Paarberatung. Paare in einer Stieffamilie haben meistens viel zu wenig Zeit für sich gehabt. Hier hat »der Therapeut die besondere Aufgabe, dem Paar die Not-

wendigkeit ihres eigenen Raumes zuzusprechen und ihnen damit die ›Erlaubnis‹ zu vermitteln, etwas Eigenes zu schaffen, was im Beziehungsknäuel einer Stieffamilie und bei so vielen unterschiedlichen Bedürfnissen nicht leicht ist«.[13]
Die Abschlußphase einer Therapie beginnt, wenn sich in der Stieffamilie neue und unterschiedliche Beziehungsformen eingespielt haben. Die wichtigsten Kennzeichen einer Stieffamilie sind die unterschiedlichen Formen von Nähe und Distanz. In der Therapie sollte die Stieffamilie erfahren haben, daß das erlaubt und nichts Schlechtes ist. Der Vater darf sein Kind mehr lieben, als es vielleicht die Stiefmutter tut. Ein Stiefkind darf und kann eine andere Beziehung zur leiblichen Mutter als zum Stiefvater haben. Um in einer Stieffamilie einen gemeinsamen Lebensstil zu entwickeln, werden immer wieder das Gespräch und die Auseinandersetzung gebraucht.
Gerade aufgrund ihres schon einmal erlebten Verlustes kann es für alle Mitglieder einer Stieffamilie wichtig sein, in der Therapie die Erfahrung zu machen, daß Auseinandersetzungen fruchtbar sein können und Konflikte nicht notgedrungen zu Verletzungen und Beziehungsabbrüchen führen müssen, sondern geregelt werden können.

Ein Gespräch zum Thema Stieffamilien in der Therapie mit dem Familientherapeuten Dr. Christian Hawellek (Familienberatungsstelle, Vechta)*

Wie sind Sie dazu gekommen, mit Stieffamilien zu arbeiten?
Ich habe Familientherapie von »der Pieke auf« gelernt. Damals in den siebziger Jahren – als der große Aufbruch war – habe ich die ganze Entwicklung der Familientherapie mitgemacht, und im Laufe der Zeit habe ich mich dann auf diese beson-

* Das Interview führte Nikola Bock

dere Familienkonstellation spezialisiert, auf Stieffamilien und Pflege- und Adoptivfamilien.

Kommen viele Stieffamilien zu Ihnen?

Ja. Es ist ja so, daß viele Familien Stieffamilien sind, ohne daß ihnen das unmittelbar bewußt ist.

Das hängt auch damit zusammen, daß äußere Veränderungen sehr viel schneller stattfinden als innere Veränderungen und deren Bewußtwerdung. Es kann eben sehr schnell passieren, daß ein Mann mit einer Frau und deren zwei Kindern zusammenzieht, ohne sich darüber bewußt zu sein, was das eigentlich bedeutet; und daß das Paar damit eigentlich eine Familie gründet. Das ist aber rein äußerlich. Nun muß innerlich etwas dazukommen, und das dauert viel länger und setzt das voraus, was man Abschiedarbeit nennt.

Wissen die Betroffenen das?

Nein. Sie leiden und merken, irgendwas ist nicht in Ordnung; sie fühlen sich angespannt. Die Kinder sind unzufrieden, gerade während dieser Übergangsphasen. Das sind einfach Streßsituationen. Manche ziehen sich zurück, andere werden auffällig.

Ein Dilemma dabei sind häufig die unterschiedlichen Bewertungen: Die Mutter ist vielleicht froh, den »alten Tyrann« endlich loszusein, dagegen trauern die Kinder einem liebenden Vater nach. So nehmen viele das gleiche Phänomen, die Trennung, völlig unterschiedlich wahr.

Das führt natürlich zu Schwierigkeiten, das ist klar.

Im Grunde geht die Trennung der Eltern die Kinder nichts an. Es betrifft sie zwar, so wie die Arbeitslosigkeit des Vaters beispielsweise. Aber von einem guten Bild eines Familiensystems aus gesehen, ist eine Trennung des Elternpaares ausschließlich eine Angelegenheit der Eltern und muß auch ihre Angelegenheit bleiben.

Aber sie bleiben ja weiterhin Eltern!
Natürlich. Die Eltern müßten versuchen, ihre Elternschaft so umzuorganisieren – und das ist eine schwere Aufgabe –, daß sie weiterhin Mutter und Vater sind und das Elternbild der Kinder nicht verletzt wird. Das ist das eigentlich Neue. Da hat unsere Generation ja auch keine Vorbilder. In vorangegangenen Generationen hat es diese Häufigkeit von Trennungen nicht gegeben. Das ist eine ganz neue Anforderung, die Elternbeziehung, obwohl sie im Alltag nicht mehr besteht, psychologisch aufrechtzuerhalten. Die Gesetzgebung hat das im neuen Kindschaftsrecht aufgegriffen: Demnach dürfen Kinder nicht mehr wie Möbelstücke geteilt werden, sondern die Eltern müssen sich vor ihren Kindern rechtfertigen, wie sie es hinkriegen wollen, ihre Elternschaft aufrechtzuerhalten.

Geschieht es mittlerweile häufiger, daß Paare sich bewußter in den Trennungsprozeß begeben?
Ich glaube schon. In Paragraph 17 des Kinder- und Jugendhilfegesetzes hat der Gesetzgeber ja mittlerweile Beratungsgespräche für Trennungen und Scheidungen vorgesehen. Beratungsstellen sind dazu verpflichtet, entsprechende Angebote für Eltern und Kinder bereitzuhalten. Wir arbeiten ja meist eng mit Familiengerichten und Jugendämtern zusammen. Die Dinge entwickeln sich langsam.

Suchen denn alle Eltern, die sich trennen wollen, das Jugendamt auf?
Sie müssen! Und die Jugendämter haben inzwischen auch gelernt, daß Trennungsberatungen sehr hilfreich sein können. Das ist ja schon eine enorme Veränderung, da entsteht eine neue Infrastruktur.
Irgendwann wird es ganz normal sein, daß man in Trennungssituationen bestimmte soziale Rituale absolviert.

Wenn eine Stieffamilie zu Ihnen kommt, hat ja eine solche Trennung schon stattgefunden, und eine neue Familienkonstellation hat sich gebildet. Was ist da Ihr erster Schritt in der therapeutischen Beratung?

Der erste Schritt ist immer der, daß man selbst versucht, die Leute zu verstehen. Denn nur auf dieser Basis kann man dann alles andere machen. Das heißt, die Leute müssen spüren, daß da jemand sitzt, der verstanden hat, in welchen Zwickmühlen, Schwierigkeiten und Klemmen sie stecken. Darüber hinaus muß der Therapeut ihnen auch mitteilen können, daß ihre Schwierigkeiten in der Regel ganz verständlich und normal sind.

Wie meinen Sie das?

Viele Menschen fordern von sich selbst Unmögliches. Zum Beispiel gleich von den Kindern gemocht zu werden, wenn sie als Stiefmutter oder Stiefvater neu in die Familie kommen. Es gibt ein paar hartnäckige fixe Ideen, die immer in den Köpfen der Leute herumspuken. Zum Beispiel die Idee der »guten Mutter«, der Übermutter sozusagen. Und eine zweite fixe Idee ist die der »heilen Familie«.

Was bewirken diese fixen Ideen?

Manchmal sind die Seelen der Menschen so kindlich, daß sie an diesen Bildern festhalten und sich schuldig fühlen, wenn sie die strengen Maßstäbe dann nicht erfüllen. Deswegen ist es so wichtig, daß man als Therapeut den Leuten zu verstehen gibt: Ich sehe dich in deinen Schwierigkeiten. Ihr seid eine ganz besondere Familie mit diesen besonderen Problemen, die andere Familien nicht unbedingt haben.

Es geht darum, jedem einzelnen der Familie zu sagen, was bei ihm besonders ist, damit sich jeder einzelne verstanden fühlen kann. Es ist eben ein schwieriges Unterfangen, sich als Familie neu zu organisieren mit all den verschiedenen Kräften, die da am Werke sind.

Was macht es so schwierig?

Das fängt damit an, wenn man z. B. vom Stiefvater ausgeht, daß die Frau sich ja nicht einen Mann als Vater für die Kinder sucht, sondern um selbst einen Mann zu haben. Das ist anders als früher, als es noch die Versorgerehe gab.

Aber die Frage der Versorgung ist in Trennungssituationen doch auch heute noch eine sehr reale.

Das ist klar. Die Phase direkt nach der Trennung ist eine Krise für alle. Da kommt ja alles mögliche zusammen: eine finanzielle Krise, eine soziale Krise, der Abbruch von Beziehungen, häufig geht dabei auch das Dach über dem Kopf verloren. Das ist die Zeit, wo am meisten Hilfe gesucht wird.

Das ist ja zur Zeit der Stieffamiliengründung wahrscheinlich anders.

In der Zeit der Stieffamiliengründung ist eher schon eine Phase der Stabilisierung erreicht, erst mal jedenfalls. Es ist übrigens interessant, daß in der Trennungszeit für viele Menschen die eigenen Eltern wieder sehr bedeutsam werden. Für viele sind sie eine Art Ressource, auf die sie zurückgreifen können. Das heißt, die Trennungszeit ist eine Zeit – man kann fast sagen – der Infantilisierung, man geht noch mal einen Schritt zurück in die Kindposition und zeigt sich noch mal bedürftig. Die ganzen eigenen Eltern-und-Kind-Themen werden erneut abgehandelt.

Viele haben nach einer Trennung erst einmal die Nase voll von Beziehungen. Wenn sie sich aber später neu binden, stellen sie vielfach fest, daß Probleme wieder hochkommen, von denen sie dachten, sie längst hinter sich gelassen zu haben.

Sie meinen, daß viele dieser Probleme, die man schon einmal durchgelebt hat, mit dem neuen Partner wiederholt werden?

In gewisser Weise ist ja alles alt und neu zugleich. Wie in einer Spirale, man erlebt es nur auf einer anderen Stufe. Wenn man eine zweite Beziehung eingeht, dann ist man natürlich ein anderer Mensch mit den inneren Veränderungen, Prozessen und vielleicht auch mit den Wunden, die man zurückbehalten hat, und den dazugehörigen Phantasien. Man geht mit viel mehr Vorbehalt und Vorsicht und – wenn es gut gelaufen ist – mit einer Reifung in eine neue Beziehung hinein. Dennoch ist es so, daß zweite Ehen statistisch schneller geschieden werden als erste Ehen.

Wie erklären Sie sich das? Das ist doch erstaunlich?

Manche Leute vertreten die Idee, daß die erste Bindung immer intensiver ist als die zweite und diese als die dritte und so weiter, wie ein natürlicher Schwund, jeweils mit der Menge der Wiederholungen. Die erste Liebe wurde ja auch immer romantisiert in allen möglichen Formen und Varianten, da ranken sich Mythen drumherum.

Und das prägt die Dynamik von neuen Beziehungen. Kinder in Stieffamilien sind ja die Früchte aus einer vergangenen Liebesbeziehung, repräsentieren sie körperlich. Das ist ein Keim von Konflikten, denn der frühere Partner ist in den Kindern ja auch repräsentiert. Wenn es schlimm läuft, dann werden die bösen Seiten des Abwesenden auf die Kinder projiziert. Kinder bieten sich auch häufig dafür an, weil sie natürlich in Liebe an beide Eltern gebunden sind und bleiben.

Das ist eine ganz wichtige Unterscheidung, es existieren in jeder Familie zwei Formen von Liebe, die man nicht durcheinanderbringen darf: Die Liebe des Paares und die Liebe zwischen Eltern und Kindern, der eine andere Charakteristik innewohnt.

Das gilt aber doch für Kernfamilien ebenso?

Das gilt generell. Nur führt das zu der Erkenntnis, daß man Kindern die Elternliebe, die evolutionäres Programm zum Überleben ist, nicht nehmen darf. Manchmal fühlen sich Kinder schuldig, wenn sie sich weiterhin in Liebe zu dem abwesenden Elternteil gebunden fühlen. Das ist das Dilemma von Schuld und Unschuld.

Wie erleben Kinder eigentlich eine Therapie, wenn man das generalisieren kann? Welchen Prozeß durchlaufen sie in der Therapie? Auch als Frage vor dem Hintergrund, daß viele denken, sie könnten ihren Kindern eine Therapie nicht zumuten.

Eine Therapie mit Kindern ist abhängig vom Alter und der Familienkonstellation. Kinder aus Familien, in denen vieles tabuisiert wird, reagieren anders als Kinder, in deren Familien vieles angesprochen werden darf. Diese Kinder haben es leichter. Ihre Familien sind dann wiederum vielleicht eher gefährdet auseinanderzudriften, weil sie ihre Probleme thematisieren und nicht unter den Teppich kehren.

Wie steigen Sie in die Therapie ein?

In der Anfangsphase müssen sich die Familien natürlich erst mal den Therapeuten in Ruhe anschauen, ihn erleben dürfen. Erst wenn eine gewisse Sicherheit entstanden ist, kann man sich öffnen. Das gilt für alle Menschen: Man kann sich nur da öffnen, wo man sicher ist. Sonst aktiviert jeder seine Schutzmechanismen.

Ein Therapeut muß Sicherheit und Transparenz ausdrücken: »Das und das ist hier möglich, und auf diese oder jene Weise machen wir das. Wir gucken uns einfach mit Ihnen zusammen Ihre Schwierigkeiten an und wie Sie da rauskommen können.«

Ist es für Kinder ein schwieriger Prozeß, sich in einer Therapie zu öffnen?

Nein. Ich bin begeisterter Kindertherapeut. Das ist schön, wie offen und ehrlich Kinder kommunizieren, sie haben sozusagen eine »aktionale Sprache«. Daher wird in der Kindertherapie viel gespielt. Da gibt es dann kein Verstecken und auch kein Drumherum: Sie gehen direkt in das Zentrum dessen rein, was in der Familie los ist. Versteht man es, sich auf Kinder einzulassen, sich mit ihnen in ihre Welt zu begeben und sozusagen mit ihrer Sprache zu sprechen, der des Spiels und der Phantasie, dann findet man mit ihnen zusammen neue Lösungen. Das ist eine ganz tolle Arbeit. Kindern steht in der Therapie der ganze Entwicklungsschub zur Seite, der bei Erwachsenen fehlt. Da ist eine unheimliche Wucht hin zum Positiven, zur Lösung.

Für Kinder in Trennungssituationen ist es wichtig, daß sie eine Erfahrung der Solidarität machen. Sie müssen spüren, daß sie nicht allein sind. Alle Kinder haben die Vorstellung, das passiere nur ihnen allein, sie fühlen sich möglicherweise schuldig an der Trennung und entwickeln für sich die abenteuerlichsten Konstruktionen. Je jünger sie sind, desto mehr beziehen sie die Trennung der Eltern nur auf sich. Und: Desto unklarer sind auch ihre Bilder und Visionen von Zukunft. Eine Gruppentherapie für Kinder ist daher ein guter Weg, ihre Kräfte zu stärken.

Eine Gruppentherapie nur mit Kindern oder mit den Eltern zusammen?

Wir machen auch Gruppentherapie nur mit Kindern. Dort machen die Kinder die gemeinsame Erfahrung, daß ihre Eltern sich trennen oder daß neue Partner dazukommen oder daß sie mit einem Elternteil alleine leben.

Da ist wahrscheinlich die Erfahrung alleine schon heilsam, daß es anderen Kindern auch so geht.

Ja. Auch um zu erfahren, daß es gut sein kann, wenn bestimmte Dinge enden, die schlecht sind für alle Beteiligten.

Jugendliche sind wahrscheinlich weniger offen, eher widerständig gegenüber Therapien?

Ja. Jugendliche sagen häufig: »Ich hab' doch keinen Sockenschuß.« Man muß ihnen also erst einmal klarmachen, daß das mit »Sockenschuß« gar nichts zu tun hat. Das ist bei Jungen schwieriger als bei Mädchen. Mädchen sind eher in der Lage, verbale Angebote anzunehmen. Das ist generell bei Frauen ausgeprägter als bei Männern. Sie sind einfach kommunikativer als Männer, sind viel eher dazu in der Lage, Beziehungen über Kommunikation zu regulieren. Mit Mädchen kann man hervorragend sprechen, Jungen verschließen sich eher. Aber es gibt natürlich sehr große Bandbreiten, riesige individuelle Unterschiede.

Im übrigen möchte ich betonen, daß Stieffamilien für Kinder auch viele Vorteile bieten können. Die komplexeren Familiensysteme können nämlich auch viel mehr Anregungen, viel Interessanteres bieten als Kernfamilien. Da ist viel mehr los – auf den verschiedenen Ebenen. Insofern, wenn sie sich gut organisieren, gut entfalten, können Stieffamilien eine Bereicherung für alle sein. Nur bis es dahin kommt, braucht es eben einige Schritte.

Wie würden Sie diese Bereicherung für Kinder, die in einer Stieffamilie leben, beschreiben?

Die Bereicherung hängt damit zusammen, daß diese Familien weit mehr genötigt sind, sich zu öffnen. Es sind einfach mehr soziale Kontaktflächen da. Schon allein durch die Beziehung zu den leiblichen Elternteilen und den Stiefelternteilen. Viele dieser Kinder erleben zudem mehrere Varianten von Familie. Wenn es den Beteiligten gelingt, miteinander – in Wertschätzung – eine Koexistenzform hinzubekommen, so kann das auch unheimlich spannend sein.

Was erst möglich ist, wenn akzeptiert worden ist, daß Beziehungen unterschiedlich sind, daß man nicht das kopieren muß, was verlorengegangen ist. Viele versuchen doch, durch die neue Familie den Verlust der alten wiedergutzumachen.

Familien kann man als historisch organisierte Systeme betrachten. Man kann sich nicht, wie in einem Raum, auf den Stuhl von jemandem setzen, der gerade gegangen ist. Das ist in historisch organisierten Systemen nicht möglich.

Da können zwei Menschen nicht den gleichen Platz, die gleiche Bedeutung haben, weil in der Biographie die Zeitstruktur eben für Einmaligkeit sorgt: Der Mann an erster Stelle war nun mal der Vater, usw.
Geht man über diese Einmaligkeit hinweg, so rächt sich das. Die Kinder fangen an zu rebellieren, und im Familiensystem entsteht Unruhe. Deswegen ist es wichtig, daß der Mensch, der im psychologischen Raum bedeutsam ist, im Familienalltag aber nicht mehr präsent, mit Würde und Respekt behandelt wird.
Wir tragen ja alle in gewisser Weise unsere Eltern in uns, auch genetisch gesehen. Wird über ein Elternteil abwertend gesprochen, dann wird ein Teil in den Kindern abgewertet. Die Kinder verbünden sich mit diesem abgewerteten Charakterzug und werden diesen durch irgendwelche »Unarten« wieder in das System einführen. Trotzdem werden Kinder – zumeist unbewußt – dazu mißbraucht, die bösen Projektionen auszuhalten. Eltern müssen lernen, ihre Kinder mit der Liebe, die einmal war, zu verbinden, nicht mit dem Bösen, das da war. Denn das Böse, was da war, ist meistens etwas, was nur das Paar angeht. Die Liebe aber ist der Ort und die Geschichte, die zu den Kindern gehört. Wenn die Kinder sich so angesehen fühlen, dann sind sie auch frei von den bösen Projektionen der Eltern.

Diese Projektionen sind ja nicht bewußt, insofern auch nicht einfach zu verhindern?

Nein, diese negativen Verbindungen kommen automatisch, und die Menschen sind dann gefangen in ihren Phantasien. Menschen, die schwer traumatisiert sind, sind besonders anfällig für diese bösen Bilder. So kann es passieren, daß Kinder manchmal zu Projektionsträgern werden. Auch zu Projektionsträgern des neu Hinzugekommenen. In den Kindern werden Konkurrenten gesehen, gerade weil sie Kinder der alten Liebe sind. Dieses Konkurrenzverhalten ist z. B. häufig zwischen Söhnen und den neuen Männern der Mütter anzutreffen. Es gibt eben keine Vorbilder für Stiefväter, die gut sind.

Gilt das nicht für Stiefmütter und Stiefväter gleichermaßen?
Stiefmütter haben es in gewisser Hinsicht noch schwerer als Stiefväter. Das hat andere Gründe und unter anderem mit der Psychodynamik des Abschiedes vom Mütterlichen zu tun. Stiefmütter werden in den Märchen als böse und schlimm beschrieben. Sie bekommen also eine negative Bedeutung zugewiesen. Im Niederdeutschen bedeutet »stief« abgestutzt, beraubt. Dabei ist ja die Stiefmutter keine verwaiste, beraubte Mutter, sondern die Stiefkinder sind verwaist, beraubt. Eigentlich eine unlogische Sprachkonstruktion. Aus der Perspektive der Kinder gesehen sind die Stiefmütter deswegen böse, weil es nicht gelungen ist, den Verlust der »guten« Mutter zu betrauern. Wenn einer geht, gehört auch dazu, daß man böse sein darf. Kindlich gesprochen ist es doch eine Unverschämtheit, ein Kind einfach allein zu lassen. Diese Wut auf die leibliche Mutter, die vielleicht gelitten hat oder sogar gestorben sein kann, muß von Kindern meistens unterdrückt werden. Das böse Gefühl kann also nicht dahin, wo es hingehört, sondern wird weggeschoben. Dann kriegt die zweite, die – wie es aussieht – auf diesen Platz rückt, die Wut ab, die eigentlich der anderen gilt. Das ist nur einer der Hintergründe vom Bild der bösen Stiefmütter.

Es gibt keine Vorbilder für Stiefväter, und für Stiefmütter nur schlechte. Dabei ist es doch eine historische Tatsache, daß es zum Beispiel im letzten Jahrhundert sehr viele Stiefväter und Stiefmütter gab. Die Form der Stieffamilie – natürlich bei Verwitwung, nicht bei Scheidung – war ja eine sehr verbreitete Lebensform. Allerdings galten diese Stieffamilien als ganz normale Familien. Damals war es nicht wichtig, eine Unterscheidung zu machen. Warum ist es also für uns heute so wichtig, diese begriffliche Unterscheidung zu machen? Liegt das vielleicht an dem Umstand der Trennung und Scheidung?

Ja, es ist eben ein großer Unterschied, ob ein Elternteil stirbt, oder ob der Vater oder die Mutter woanders leben.
Das ist ein neues gesellschaftliches Phänomen, daß Menschen in verschiedenen Lebensabschnitten familiär anders organisiert sind. Das hat es so in der Form nie gegeben.
Es gibt Untersuchungen von Empirikern und Klinikern, die sich sehr unterscheiden. Die Kliniker denken vorwiegend, daß Kinder wegen der vielen riskanten Ereignisse, die bei Trennungen und Neugründungen von Familien zu bewältigen sind, einfach Schwierigkeiten haben müssen. Die Empiriker dagegen stellen das gar nicht so heraus. Das ist sehr interessant. Ich bin der Meinung, Stieffamilien bleiben keine Ausnahme, sie werden mehr und mehr eine gesellschaftliche Normvariante.

Erleben Sie in der Therapie eigentlich häufig, daß Stieffamilien sich trennen?
Nicht häufiger als bei anderen Familien. Es gibt jedenfalls keinen Unterschied in dem Sinne, daß es mit der Stieffamiliensituation zusammenhängen würde. Eigentlich kommen alle Familien zur Therapie mit einem bestimmten Problemdruck einerseits, aber andererseits mit dem positiven Wunsch, die Familie zu erhalten.

Ähneln sich die Gründe, warum Stieffamilien zur Therapie kommen?
Zumeist kommen sie wegen irgendwelcher Schwierigkeiten, die die Kinder haben oder bereiten. Das Thema des Stieffamilienseins wird von ihnen selten angesprochen, man stellt häufig erst in der Therapie fest, daß es sich um eine Stieffamilie handelt, wenn man nach der Familienzusammensetzung fragt. Dann stellt man als Therapeut natürlich Fragen nach dem Früher und ob es noch viel Unerledigtes und Konfliktstoff aus der Vergangenheit gibt. Man kann dafür auch das Bild der Geister benutzen. Im Grunde sind Stieffamilien ja immer mit unsichtbaren Menschen konfrontiert, die zusätzlich anwesend

sind, nämlich den Elternteilen, die nicht mehr zu Hause leben. Das ist in Stieffamilien besonders augenfällig. Dann ist die nächste Frage natürlich, was man tun kann, um diese Geister friedlich zu stimmen. Und das ist immer dasselbe, man muß sie würdigen, man muß sie respektieren und ihnen einen Platz geben, wo sie Frieden haben können.

Würden Sie sagen, daß die Therapie den Stieffamilien hilft?
Wir machen manchmal Nachuntersuchungen. Insgesamt würde ich sagen, werden die Angebote zur Familientherapie und zur Beratung als hilfreich erlebt.

Veränderungen von Verhaltensmustern können in der Therapie ja manchmal sehr schnell herbeigeführt werden. Aber fallen nicht viele Menschen auf lange Sicht vielleicht ebenso schnell wieder in die alten Verhaltensmuster zurück?
Ja, natürlich. Eine Veränderung von Verhaltensmustern kann ja auch viele Nachteile mit sich bringen. Oder: Leiden ist einfacher als Handeln. Das ist so. In gewisser Weise wissen wir ja von vielen Dingen, ob sie gut für uns sind oder schlecht, wie zum Beispiel Rauchen oder Trinken, und wir tun es dennoch. Auf der Beziehungsebene ist das ebenso.

Es gibt ja auch Dinge, die man nicht ändern kann. Die weniger mit einem selbst als mit den Umständen, z. B. mit dem Expartner, zu tun haben.
Manchmal geht es auch darum, Unveränderbarem zuzustimmen. Wobei Zustimmen etwas anderes ist als Akzeptieren. Zustimmen ist etwas Aktives, eine Bejahung. Während Akzeptieren auch bedeuten kann, »eine Kröte zu schlucken«. Wenn man Dingen aktiv zustimmen kann, dann werden sie verändert. Das ist manchmal ganz schwer, z. B. einer Trennung endgültig zuzustimmen. Im Zentrum dieser ganzen Prozesse steht ja immer der Punkt, daß das Abschiednehmen nicht geglückt ist. Das tut eben einfach sehr weh. Und dann fangen die Menschen an zu streiten, denn der Streit bindet, so daß sie

nicht spüren, wie sehr es weh tut. Bis dann die Erschütterung kommt. Das ganze Streiten in Trennungsphasen bedeutet häufig, daß sich die Menschen dem Schmerz nicht stellen. Das gilt auch für »auffällige« Kinder, denen nicht geholfen wurde, sich der Trauer und dem Abschied zu stellen.
Im Grunde steht im Zentrum der Arbeit mit Stieffamilien die Ermöglichung dieser Bewältigung von Abschied und Schmerz, denn dann ist auch ein Neubeginn möglich, und alle können sich neu öffnen.
Im therapeutischen Prozeß geht es auf der emotionalen Ebene immer um die Ermöglichung der Gefühle, die mit Schmerz und Abschied zu tun haben, und um eine gute Moderation der Übergänge. Wie kann ich es schaffen, daß die Übergänge möglichst gut für alle Beteiligten gestaltet werden? Und wie kann ich dafür sorgen, daß die äußeren Veränderungen und die inneren Prozesse sich annähern, so daß das Außen und Innen mehr zusammenkommen.

Die Mediation

Ein gutes Mittel zur Konfliktlösung ist zum Beispiel die Mediation (aus dem Amerikanischen: Vermittlung). Sie wird als Scheidungsvermittlung praktiziert und hat sich in den letzten Jahren zu einer Alternative zur Selbsthilfe entwickelt. Erinnern wir noch einmal daran, daß eine Stieffamilie die besseren Chancen hat, wenn die Expartner es schaffen, sich gütlich zu trennen. Daher bietet ein Scheidungsverfahren nach dem Prinzip der Mediation gute Voraussetzungen für Stieffamilien.
Das Anliegen der Mediation ist die Suche nach aktiven Lösungen zwischen den beteiligten Parteien. Die Vermittlung dabei übernimmt ein unparteiischer Dritter. Dieser Mediator gibt die Streitregeln vor und bestimmt auch die einzelnen Schritte. Er achtet darauf, daß beide Parteien zu Wort kom-

men, daß Gefühle, Ängste und Erwartungen ausgesprochen und später auch einbezogen werden, und schließlich, daß verbindliche Verabredungen getroffen und eingehalten werden.

Die Konfliktarbeit selbst bleibt in der Hand der Streitenden, der Mediator selbst hält sich als neutrale Instanz so weit wie möglich im Hintergrund.

In festgefahrenen Konflikten zu vermitteln ist nicht leicht. Um die entscheidenden »Botschaften mit doppeltem Boden« rauszuhören, müssen Mediatoren verschiedene Psychotechniken wie »aktives Zuhören« oder »Spiegeln« sicher beherrschen. Im Gegensatz zu gängigen therapeutischen Verfahren geht es hier vorrangig um die konkrete Konfliktlösung, in der Hoffnung auf Langzeitwirkung.

Wer sich einmal »erfolgreich« gestritten hat, wird in der Regel auch beim nächsten Konflikt einen aktiven Ausweg anstreben. Auch dann, wenn gerade kein professioneller Mediator zur Stelle ist.

Die einzelnen Phasen der Mediation:
Vorbereitung

Der Mediator muß sich die unbedingte Bereitschaft der Beteiligten zur aktiven Mitarbeit einholen und sich mit ihnen auf einen ruhigen, für alle angenehmen Ort einigen. Dann legt er die »Spielregeln« fest, wie »ausreden lassen« und »keine Beleidigungen« beispielsweise.

Bestandsaufnahme

Jede Seite schildert den Konflikt aus ihrer persönlichen Sicht. Dazu sollte sich jeder soviel Zeit nehmen, wie eben nötig ist. Der andere hört unterdessen nur zu. Bevor er zu »platzen droht«, kann er sich derweil Notizen machen. Erlaubt sind allenfalls Verständnisfragen wie: »Meinst du damit, daß . . .?«

Emotionen einbeziehen

Auch mit dem Konflikt verbundene Wut, Ängste und Hoffnungen sollten geschildert werden. Wenn es nicht anders möglich ist, können die Beteiligten das auch schriftlich tun. In einer besonders gespannten Atmosphäre können die Streitenden mit dem Rücken zueinander sitzen.

Was hättest du denn gern?

Dann folgt eine Art Brainstorming. Es werden Lösungen gesammelt. Die sollten schriftlich fixiert werden. Es wird daraufhin nicht gleich losgestritten, die Vorschläge sollten erst einmal unkommentiert stehenbleiben.

Verhandeln

Nun werden die Ideen durchgesprochen, und die Beteiligten beziehen Stellung: »Was ist denkbar, was ist undenkbar?« Und: »Wo könnte wer welche Abstriche machen?« Wenn das Gespräch festzufahren droht, kann eine Pause eingelegt werden. Zum Schluß sollten Lösungen ausgehandelt werden, auf die sich alle Beteiligten zumindest auf Zeit einlassen. Es wird ein Termin für ein »Kontrollgespräch« verabredet.

Die Umsetzung

Die Abmachung muß sich in der Praxis bewähren. Deshalb ist eine ehrliche Nachbereitung so wichtig: Was ist schiefgegangen, was ist gut gelaufen? Wenn es den Beteiligten nötig erscheint, sollten sie einzelne Punkte korrigieren oder neu verhandeln.

Momentaufnahmen II

Susanne

Wann war noch mal der Elternabend? Am Mittwoch? Doch wohl nicht heute? »Mist.« Backen war noch nie Susannes Stärke. Der Kuchen, der ihr aus dem Ofen entgegenduftet, ist allerdings nur ein kleines bißchen schwarz an den Rändern geraten. Susanne hält ihre Hand unter den Kaltwasserhahn. Es zischt leise. Sie trocknet sich flüchtig die Hände ab, läuft zum Telefon. Natürlich, bei ihrem Ex läuft wieder mal der Anrufbeantworter. Sie kramt die Klassenliste hervor. Wen kann sie bloß diesmal nach dem Termin fragen, ohne lächerlich zu wirken? Egal. Susanne wählt die Nummer einer Mutter. »Ach so, ja, verschoben. Auf wann denn noch mal genau. Ich kann meinen Zettel nicht finden. Am Montag, 20 Uhr. Gut.«

Eine Zweifamilienplanung kriegen sie wohl trotz modernster Kommunikationsmittel niemals zustande. Susanne ist wütend, auf sich selbst, auf ihren Ex, auf ihre mangelnde Kommunikation. Immer weiß sie über irgend etwas nicht Bescheid, die Ballettaufführung, das Hockeyspiel, den Osterbasar. Am Montag kann sie unmöglich zu diesem Elternabend gehen. Da hat sie den Termin mit der Schneiderin. Die letzten Wochen waren wirklich stressig. Und heute abend hat sie auch noch versprochen, zu babysitten. Ole und Paula bringen die kleine Hannah nachher mit. Und die Zeichnung muß sie auch noch fertig machen. Wo Nico bloß bleibt? Er wollte doch noch den Salat für die Gäste heute abend machen. Susanne räumt in

Windeseile das schmutzige Geschirr in die Maschine, stellt noch schnell eine Waschmaschine an und setzt schon mal die Pellkartoffeln auf. Ihr Blick wandert durch die Küche. Der Boden könnte mal wieder gewischt werden, Ole hat die Flaschen nicht weggebracht, und Paulas Pflanzen haben seit Tagen kein Wasser mehr bekommen. »Diesmal schreibe ich es auf, bevor ich wieder vergesse, die Kinder daran zu erinnern.«

Susanne hört, wie sich der Schlüssel in der Tür dreht. »Na endlich, Nico kommt ja doch einigermaßen pünktlich.« Nico küßt Susanne liebevoll auf den Nacken und umfaßt ihren dikken Bauch von hinten. »Hier riecht es irgendwie angebrannt«, bemerkt er, grinst, inspiziert den Ofen, derweil die Pellkartoffeln gerade überkochen. Er setzt Susanne auf einen Stuhl, verordnet ihr einen Tee und geht ins Badezimmer: »Ich laß euch beiden mal eine Wanne ein.«

Ole

»Nun komm schon. Nein, du möchtest jetzt nicht balancieren. Wir wollen jetzt weitergehen.« Ole hatte es ja gewußt. Kleine Kinder sind obernervig. Es war ja klar, zu allem Überfluß mußte es auch noch ein Mädchen sein. Und nun mußte er dieses zweijährige plappernde Luder auch noch mitschleifen, weil Steffi und Papa irgendwo eingeladen waren. Ihm reichte Paula schon mit ihrer ewigen Nerverei. Und nun diese Bedrohung für sein heiliges Reich, wo er sonst all seine Spielsachen auf dem Boden lassen konnte und nicht hochstellen mußte, damit Hannah nicht daran herumsabbert.

Und der Bauch seiner Mutter wird auch zusehends dicker. Zwei Monate Gnadenfrist blieben ihm noch. In den Ferien hatte er sich schon bei seinen Großeltern angemeldet. Ohne Paula. Nur er allein. Er würde es unendlich genießen. Oma und Opa würden ihn bestimmt so richtig verwöhnen. Wenn es

einen Gott gab, das wußte Ole genau, dann war es ein Mädchengott. Ole schloß die Tür auf, lieferte Paula und Hannah ab und lief die Treppe hoch. Er war mit Jens verabredet. Natürlich war sein Kumpel mal wieder unterwegs, natürlich war er mal wieder unpünktlich. Ole stapfte nach unten zurück. Vielleicht hatte seine Mutter ja etwas Leckeres gekocht. Nico und sie bekamen heute Besuch.
Hannah war natürlich auch hier die kleine Prinzessin, saß schon am Küchentisch und löffelte Apfelmus. Sie brabbelte so aufgeregt, daß sie den Mund mit dem Löffel gar nicht traf. Das Apfelmus kleckerte ständig – bei jedem Löffel neu – auf die Tischdecke. Ole nahm ihr den Löffel ab und fütterte Hannah. »Einen Löffel für Ole, einen Löffel für den Klabautermann, einen Löffel für den großen gefährlichen Geist ...«
Es klingelte. Jens? Ole drückte den Löffel schnell Paula in die Hand. Das wäre ja wirklich zu peinlich.

Paula

... einen Löffel für Omama, einen Löffel für Mamis winzig kleines Baby, einen Löffel für Hannah. Paula schob sich mit den Worten »einen Löffel für Paula« das restliche Mus in den Mund. Sie fand es immer schön, wenn Hannah bei Mama und Nico zu Besuch war. Schließlich war Hannah ihre Schwester, und sie fand es gut, wenn die Kleine auch hier mit zur Familie gehörte. Jedenfalls ab und zu. Hannah schlief dann immer in Paulas Bett, und Paula durfte in Mamas und Nicos Bett schlafen. Ole hätte das auch gedurft. Aber der wollte nie. Er fand das Kinderkram. Das war Paula aber nur recht.
In Gedanken versunken hatte Paula den Geburtstag ganz vergessen, da stand Mami in Mantel und Schuhen da und wollte sie hinfahren. Antonia hatte Geburtstag, eine von Paulas besten Freundinnen. Sie hatte zwei »Flämmchen« – winzig kleine Puppen in Schachteln – besorgt, eine hellblaue und eine

weiße. Sie wußte, daß Antonia diese Puppen liebte. Paula liebte sie ja auch. Außerdem waren sie modern.
Es war ein schöner Nachmittag. Paula lag noch lange wach im Bett und dachte an die Schnitzeljagd, ihr Bauch zwickte ein bißchen von den vielen Süßigkeiten, Pommes und Chips. Nico schlich leise herein. Paula tat so, als wenn sie schon schliefe. Sie hörte aber, daß er sich die Schuhe anzog. Nico strich Paula ganz sanft die Haare aus der Stirn, küßte sie zart auf die Stirn und zog die Tür leise hinter sich zu. Aus ihrem Zimmer hörte Paula Hannah brabbeln und ein bißchen weinen. Ein paar Minuten später kam ihre Mutter mit Hannah auf dem Arm herein und legte sie zu Paula ins Bett. Und da endlich gab die kleine Nervensäge Ruhe. Sie kuschelte sich an Paula. Sie war so weich und roch noch immer nach Baby, obwohl sie doch schon zwei war. Eigentlich war Paula richtig glücklich. Sie hatte Mama, Papa, Steffi und Nico, Ole und jetzt auch noch die kleine Hannah.
Und außerdem war es bei den anderen ja auch nicht anders. Nur Leas Eltern lebten noch zusammen. Ach nee, und die Eltern von Maike. Paula zählte an ihren Fingern nach. Sie kam auf acht. Also waren acht Eltern von den Kindern auf dem Geburtstag heute getrennt, nur zwei noch zusammen. Mami hatte eben doch immer recht. Sie waren genauso eine Familie.

Nico

Nico stapfte durch den Schnee. Es war wieder mal höchste Zeit. Obwohl er immer besser organisiert war, kam er doch noch häufig mit hängender Zunge auf die letzte Minute. Am meisten störte ihn, daß er sich nicht einmal auf seinen Familienvaterstatus berufen konnte. Er war ja »nur« ein Stiefvater. Die Kinder liefen nicht über seine Steuerkarte, er war nirgendwo, rein behördlich oder für das Finanzamt, als ein Familienmitglied eingetragen. Im Grunde rangierte er immer noch als Single. Im Büro. Bei vielen Kollegen und auch am Monatsende, auf seinem Gehaltsscheck.

In seinem Privatleben war das allerdings längst anders. Das Fußballteam, die Freunde, sie wußten um seinen Status und akzeptierten ihn. Die meisten waren ja selbst Eltern oder Stiefeltern.

Die Straßen waren wie leergefegt. Nico hatte Glück. Nun würde er doch noch pünktlich kommen. Ein schönes Gefühl. Er spürte, wie sich seine Nackenmuskulatur langsam entspannte, er stellte das Autoradio an, lehnte sich im Polster zurück und zündete sich eine Zigarette an. Ausnahmsweise. Das Auto hatte er mit dem Einzug der Kinder in sein Leben höchstpersönlich zur Nichtraucherzone erklärt. Statt dessen füllte er die Aschenbecher einmal wöchentlich mit Gummibärchen oder Katzenpfötchen. Natürlich hatten Paula und Ole mal wieder alle Tierchen bis auf die letzte Tatze weggefuttert. Nico huschte ein Lächeln übers Gesicht. Wenn schon keine Bärchen mehr für ihn übrig waren, dann mußte er doch rauchen dürfen. Er begann, den Song aus dem Radio mitzupfeifen ... »The times, they are changin' ...«

Anhang

Anmerkungen

1 Visher, E. B./Visher, J. S.: *Stiefeltern, Stiefkinder und ihre Familien*, Weinheim 1995, S. 45
2 Hettlage, R.: *Familienreport*, München 1992, S. 19 und 22
3 Weber-Kellermann, I.: *Die deutsche Familie*, Frankfurt am Main 1996, S. 258
4 Nave-Herz, R.: *Familie heute*, Darmstadt 1997, S. 12
5 Janda, L./MacCormack, E.: *Der zweite Versuch*, Frankfurt am Main 1994, S. 141
6 ebd., S. 157 f.
7 Hettlage, R.: a.a.O., S. 163
8 ebd., S. 164
9 Marone, N.: *Gute Väter – selbstbewußte Töchter*, Frankfurt am Main 1995, S. 35
10 Visher, E. B./Visher, J. S.: a.a.O., S. 162
11 ebd, S. 162
12 Napp-Peters, A.: *Familien nach der Scheidung*, München 1995, S. 75
13 Krähenbühl, V./Jellouschek, H./Kohaus-Jellouschek, M./Weber, R.: *Stieffamilien*, Freiburg 1995, S. 179

Adressen

Über die
Bundesarbeitsgemeinschaft »Selbsthilfegruppen Stieffamilie«
Sulzbacher Straße 15–21
65812 Bad Soden,
Tel. 06196/641503
erhalten Interessierte Info-Material zum Thema, auch die Adressen von Selbsthilfegruppen in Ihrer Nähe. Es gibt sie zwar noch nicht in allen Städten, bundesweit bestehen allerdings schon einige Gruppen.
Adressen von auf Stieffamilien spezialisierten Therapeuten erhält man über die ortsansässigen Jugendämter.

Literatur

Beal, E. W., Hochman, G.: *Wenn Scheidungskinder erwachsen sind*, Frankfurt am Main 1994

Clemes, H., Bean R.: *Ohne Regeln geht es nicht*, Reinbek 1995

Cöllen, M.: *Heilende Partnerschaft*, Reinbek 1993

Papernow, P.: *Schritt für Schritt*, München, Wien 1995

Hettlage, R.: *Familienreport*, München 1992

Janda, L., MacCormack, E.: *Der zweite Versuch*, Frankfurt am Main 1994

Janssen, E.: *Multidisziplinäre Konzepte und Begleitung im Trennungsprozeß – Mediation*, Heidelberg 1993

Jopt, U. J.: *Im Namen des Kindes*, Hamburg 1992

Krähenbühl, V./Jellouschek, H./Kohaus-Jellouschek, M./Weber, R.: *Stieffamilien*, Freiburg 1995

Krüll, M.: *Im Netz der Zauberer*, Frankfurt am Main 1997

Langner, V. M.: *Die etwas andere Familie*, München 1995

Lermer, S., Meiser, H. C.: *Lebensabschnittspartner*, Frankfurt am Main 1994

Maltzahn, B. v.: *Die Chancen der offenen Familie*, München 1994

Marone, N.: *Gute Väter – selbstbewußte Töchter*, Frankfurt am Main 1995

Meyer, S., Schulze, E.: *Balancen des Glücks*, München 1989

Nave-Herz, R.: *Familie heute*, Darmstadt 1997

Napp-Peters, A.: *Familien nach der Scheidung*, München 1995

Rehberg, L.: *Mutters Freund und Vaters Frau*, Reinbek 1997

Ricci, I.: *Mutters Haus, Vaters Haus*, Zürich 1997

Roberts, J., Whiting, R. A.: *Rituale I, Rituale in Familien und Familientherapie*, Heidelberg 1995

Steinhage, R.: *Sexueller Mißbrauch an Mädchen*, Reinbek 1989

Visher, E. B./Visher, J. S.: *Stiefeltern, Stiefkinder und ihre Familien*, Weinheim 1995

Weber-Kellermann, I.: *Die deutsche Familie*, Frankfurt am Main 1996

Danksagung

Wir danken unseren (Stief-)Kindern Hannes und Marie für ihre Geduld und ihr ungeheucheltes Interesse (»Wie viele Seiten müßt ihr denn noch schreiben?«) an diesem Buch. Vielen Dank an unsere Mütter Margot und Karin, die uns mit Recherchehilfen zur Seite standen.

Unser besonderer Dank gilt natürlich den vielen Stief- und Patchworkfamilien (die Namen haben wir geändert), aus deren Erfahrungen wir für dieses Buch schöpfen konnten.

Wir danken den Psychologen, Therapeuten und Fachleuten, die sich zu längeren Gesprächen Zeit genommen haben, Nikola Bock für ihre Mitarbeit an diesem Buch, unseren Freunden, Bekannten und Kollegen, die über einen längeren Zeitraum hinweg immer noch ein offenes Ohr für unser Buchthema hatten, unserer Lektorin Karin Herber-Schlapp und unserem vorsintflutlichen Computer, der tapfer durchgehalten hat. Dank auch an Helmut, einen besonderen Stiefvater. Zuletzt möchten wir noch dem Vater unserer (Stief-) Kinder, Andreas, und seiner Frau Anja danken, die mit uns zusammen an der Idee einer glücklichen Stieffamilie festhalten.

Regine Schneider/Clemens von Luck

Schwiegermütter – Schwiegertöchter

Eine schwierige Beziehung

Band 13198

Geschichten von bösen Schwiegermüttern sind keine Märchen. Sie gehören auch heute zum typischen Beziehungsalltag. Doch wie wird die Mutter heute zur Rivalin? Blickt man in die vielfach erschienenen »Männerbücher«, findet man das Ergebnis: durch die herrschenden Familienverhältnisse. Der Vater ist den ganzen Tag abwesend, abends will er seine Ruhe. Die Folge: Symbiose mit der Mutter, Distanz zum Vater. Die Mutter ist es, die den Sohn erzieht, die seine Entwicklung zum Mann bestimmt, die ihn prägt. Die Möglichkeit, stabile Bindungen zu Mutter und Vater gleichzeitig zu leben, bietet sich selten. Der Sohn schafft es in dieser Konstellation nur schwer, sich von der Mutter zu lösen, sich zu distanzieren und sich unabhängig zu machen. In der Mutter-Sohn-Symbiose hat keiner gelernt, den anderen loszulassen, erwachsen zu werden. Und so sind rivalisierende Schwiegermütter einfallsreich, wenn es darum geht, den Sohn weiterhin abhängig zu halten und der Schwiegertochter das Leben schwer zu machen. Die niederschmetternde Bilanz: Die Schwiegertöchter sind die Leidtragenden, Konflikte mit der Mutter des Ehemannes sind programmiert. Gerade dort, wo der Sohn sich von der Mutter befreit glaubt – in der Ehe –, werden die Probleme besonders deutlich. »Schwiegermütter – Schwiegertöchter« bietet Erlebnisprotokolle, eine theoretische Erarbeitung des Themas und einen Ratgeberteil für Schwiegertöchter. Zu Wort kommen Schwiegermütter, Söhne und vor allem viele Schwiegertöchter.

Fischer Taschenbuch Verlag

Clemens von Luck

Innere Kündigung in Beziehungen

Vom allmählichen Rückzug in sich selbst

Band 13831

Wer kennt es nicht, das Klischee vom alten Ehepaar, von zwei Menschen, die sich nach langen gemeinsamen Jahren aufeinander »eingespielt« haben und gegenseitig in Ruhe lassen? Doch wenn man genauer hinschaut, fällt auf, daß immer mehr und immer jüngere Paare diesem Bild entsprechen.
Seit einigen Jahren hat dieses tabuisierte und deshalb schwer zu durchschauende Phänomen zumindest im Berufsleben einen Namen: die »innere Kündigung«. Innere Kündigung beginnt immer mit einem Rückzug – weil einer der Partner sich als zu übermächtig erweist, Perspektiven verlorengehen oder Alternativen nicht erkennbar sind –, und sie endet mit einer Fassade, die den Zugang zu den eigenen Bedürfnissen und denen des anderen mehr und mehr versperrt. Wer innerlich kündigt, zieht sich zurück und baut einen undurchdringlichen Schutzwall auf, verzichtet aber aus Angst vor Konsequenzen und Veränderungen auf die Durchsetzung seiner persönlichen Interessen und Vorstellungen. Er hat sich im Grunde selbst aufgegeben.
Clemens von Luck beschreibt das weitverbreitete und zugleich äußerst diskrete Phänomen in allen seinen Spielarten im Privat- und Berufsleben. Dabei geht es nicht um die Frage, ob eine innere Kündigung berechtigt ist oder nicht, als vielmehr um das Machbare, Veränderbare und eine mögliche Wende zum Besseren.

Fischer Taschenbuch Verlag